Wilhelm Hünermann

Die Hüter der Fahne

Wilhelm Hünermann

Die Hüter der Fahne

Verlag Petra Kehl
Künzell 2023

Das Buch erschien erstmals 1949 unter dem Titel „Die Jungen von Hallstadt“ und beruht auf einer wahren Begebenheit.

Mit freundlicher Genehmigung der Urheberrechtsinhaber

Rhönstraße 3, 36093 Künzell
2., verbesserte Auflage
Umschlaggestaltung: Ulrike Christ, unter Verwendung
einer Zeichnung von Bea van Deyk
E-Mail: info@verlag-kehl.de

ISBN 978-3-947890-18-7

Inhalt

Das Lied in den Flammen

Die Stunde des heiligen Opfers war vorüber. Die Jungen, die mit ihrem Seelsorger Johannes Hirt die Gemeinschaftsmesse gefeiert hatten, beteten das Jubellied der herrlichen Gotteszeugen von Babylon, die Stirn und Knie nicht vor der goldenen Bildsäule gebeugt hatten. Der Priester, der vor den Stufen des Altars kniete, erkannte die feste, starke Stimme des jungen Bildschnitzers Franz Streler, der heute vorbetete.

Lasset uns singen das Lied der drei Jünglinge,
das die Heiligen im Feuerofen sangen, den
Herrn preisend!

Prachtvoll klang heute der Chor der Jungen, die am Namensfest ihres Jugendkaplans vollzählig zum heiligen Opfer gekommen waren, aus frohen, kraftvollen Herzen ihrem Schöpfer und Herrn jauchzend.

Regen und Tau, preiset den Herrn,
Wind und Sturm, preiset den Herrn!
Feuer und Glut, preiset den Herrn,
Hitze und Frost, preiset den Herrn!

Die gleichen Worte betete der Priester in der Sprache der Kirche und lauschte doch immer auf den machtvollen Chor seiner Jungen.

„Herr, schütze meine Jungen“, flehte Johannes Hirt an den Altarstufen. „Lass deinen Engel bei ihnen sein, der deine Getreuen behütet hat in den Flammen von Babylon!“

Ach ja, die Stunde des Nabuchodonosor war wieder da, und derer, die das Knie vor ihm beugten, waren so viele im armen deutschen Land. Aus Furcht taten’s die einen, die anderen waren geblendet vom goldenen Glanz des Mächtigen, taub geworden für jeden Einspruch vom Geistigen her, weil das Lärmen, mit dem sich der Gebietende umgab, nicht geringer war als der Schall der Trompeten, Flöten, Zittern, Harfen, Psalter und Sackpfeifen bei der Aufrichtung des Götzenbildes an den Wassern des Euphrat. Heute waren es Trommeln und Fanfaren; der Lärm war der gleiche geblieben.

Aber es gab auch solche, die kein Lärm und kein Gefunkel, kein Versprechen und Drohen niederzwang, deren Nacken und Knie steif blieben, die sie in Demut nur beugten vor ihrem Gott, und die Jungenschar in den Kirchbänken gehörte dazu. Immer mächtiger hallte das herrliche Lied:

Eis und Schnee, preiset den Herrn,
Tag und Nacht, preiset den Herrn!
Licht und Dunkel, preiset den Herrn,
Wolken und Wetter, preiset den Herrn!

In der Nacht hatte der Kaplan mit seinen Jungen irgendwo weit draußen vor den Toren Hallstadts einen Flammenstoß zu Ehren des heiligen Täufers auflodern lassen. Die jungen Kerle hatten dabei gestanden mit festen, entschlossenen Gesichtern, die Fäuste geballt und hatten ein Lied gesungen, das dem Priester fast schon gar zu verwegen klang:

Lass mich stehen, mein Gott,
wo die Stürme wehn,
und schone mich nicht!
Das Kind wird vergehen,
der Mann wird bestehen;
behüte mich nicht!

Der nächtliche Wind war in die Glut gefahren und hatte die Funken wie Sterne in die Finsternis geworfen, und das Bannertuch hatte er emporgerissen, dass das silberne Christuszeichen auf blauem Grund hell aufblitzte im Widerschein der Flammen. Und das trutzige Jungengebet hallte zum brennenden Himmel hinauf:

Lass mich jagen, mein Gott,
wo die Flammen schlagen,
und kühle mich nicht!
Das Kind wird klagen,
der Mann sie ertragen,
lösche mich nicht!

Heilige Gottesstunde war diese Feier bei den brausenden Flammen. Jeder der Jungen, die sich um das geweihte Feuer scharten, wusste um die Bedeutung dieses Johannisfeuers, das sie zu hartem Kampf stählen sollte, wusste auch um das große Wagnis, in dieser Zeit vor Kreuz und Christusbanner Flammen zu entzünden, die doch nach dem Willen der in ihrem Vaterland Regierenden nur mehr vor einem Zeichen brennen durften. Was würde geschehen, wenn die Schergen des Dritten Reiches davon erfuhren? Und doch war das Lied machtvoll und ohne Furcht zu Ende geklungen:

Lass mich finden, mein Gott,
wo die Besten sich finden,
und hämmere mich
aus Sturm und Flamme
vom Kind zum Manne,
schone mich nicht.

Ein Leuchten und Brausen des heiligen Feuers, das in der deutschen Nacht aufgeflammt war, spürte der Priester in den Stimmen seiner Jungen, die den herrlichen Hymnus ausklingen ließen:

Lasset uns preisen den Vater, den Sohn
mit dem Heiligen Geiste,
Lasset uns ihn loben und hoch erheben in Ewigkeit!
Gepriesen seist du, o Herr, in deiner Himmelsfeste,
Preiswürdig und herrlich und hoch erhoben in
Ewigkeit!

Und abermals des Vorbeters starke Stimme:
Lasset uns singen das Lied der drei Jünglinge,
das die Heiligen im Feuerofen sangen,
den Herrn preisend!

„Halte in ihnen Dein Feuer wach, das stärker ist als alle irdische Flammen", betete der Priester vor dem heiligen Opfertisch.

Dann horchte er auf den festen Schritt seiner Jungen, die das Gotteshaus verließen. War schon eine prächtige Bande, alle die festen Kerle, die jungen Männer, die St. Georg zu ihrem Schutzherrn erkoren hatten, die Halbwüchsigen unter Sturmis Zeichen und die Jüngsten, kaum der Schule Entwachsenen, die sich dem tapferen Bischof St. Ulrich geweiht hatten. Aus gutem Holz waren sie geschnitzt, allesamt. Unebenheiten hatten sie wie knorriger Eichenwuchs, und ganz leicht ging es nicht immer mit ihnen, aber ihnen gehörte sein ganzes Herz.

Lange war es noch gar nicht her, da hatten sie einen ganz tollen Streich verbrochen, der im Pfarrhaus für einige Tage schwülstes Blitzwetter verursacht hatte, und donnerndes Ungewitter war prompt eingetroffen.

Pfarrer Walter war noch ein wenig aus der alten Schule, wie die Burschen meinten. Darum hatte er sich lange gegen eine eigene Jugendmesse gesträubt. Da waren an einem Werktagmorgen, als der Pfarrer eben an den Altar trat, die Jungen mit Trommeln und Querpfeifen in die Kirche einmarschiert, nur um zu zeigen, dass sie auch noch da waren. Dem Jugendkaplan grauste es stets noch heimlich, wenn er an den Sturm dachte, den die Untat entfesselte. Er selber, vor dem die Burschen doch sonst kein Geheimnis hatten, war ganz ahnungslos gewesen, dennoch prasselte der erste zermalmende Hagelschlag auf seinen Rücken. Nun ja, für die Jungen durfte man schon einmal den Buckel herhalten.

Aber sie hatten es dann doch wirklich erreicht und konnten ihre Radauinstrumente ruhig zu Hause lassen. Der Pfarrer hatte seiner Jugend Recht und Raum im Gotteshaus zugestanden.

Als Kaplan Hirt die Kirche verließ, umringten ihn die Jungen mit strahlenden Gesichtern, drückten ihm fest die Rechte und sagten ihre Glückwünsche zum Namenstag.

„Dank euch, Kerle“, sagte der Priester bewegt und schaute jeden Einzelnen fest an.

„War eine tolle Sache gestern, das Johannisfeuer“, sprudelte der kleine Norbert aus St. Ulrichs Sippe.

„Na, wenn nur die Gestapo keine Lunte gerochen hat“, antwortete der Priester bedenklich.

„Das kann doch einen Seemann nicht erschüttern“, knurrte der stämmige Schustergeselle Toni Breitkamp.

„Haben Sie gehört, dass die Gestapo jetzt so wild hinter den Christusbannern her ist?“, meldete sich Schorsch Hilbig, der Primaner. „Überall schnüffeln die Schergen Himmlers* danach. Werden wohl bald auch bei uns danach suchen.“

„In einem Dorf bei Limburg hat die Jugend in Anwesenheit und unter hoher Kontrolle des Ortsgendarms das Banner verbrannt, soll aber nichts gewesen sein als ein altes Bettlaken mit einem Chi-Ro drauf, das man aus einer Hakenkreuzfahne geschneidert hatte. Das richtige haben die Kerle irgendwo versteckt“, berichtete Klaus von der Sturmihorde.

„So was plaudert man nicht aus“, grollte Ferdi Holthus, ein etwa zwanzigjähriger Kaufmannsgehilfe.

„Habt ihr gehört, wie es in B ... am Fronleichnamstag gegangen hat?“, berichtete Hans Feuster aus dem Ulrichfähnlein. „Da wohnt eine Tante von mir, die hat mir's erzählt. Ihr wisst doch, dass man nur die Kirche beflaggen

* Heinrich Himmler, Chef der deutschen Polizei und der Gestapo

durfte, gelt? Also, da haben die Jungen aus dem Dorf alle gelb-weißen Fahnen im ganzen Ort zusammengeholt, und man hat den Kirchturm von oben bis unten damit geschmückt. Muss lustig ausgesehen haben."

„In F ... hat die Gestapo ein paar Fahnen beschlagnahmt", wusste Erich Dreßler zu berichten. „Nachher sind die Brüder gegen einen Baum gefahren. Das Auto ist verbrannt und die Gestapo mit. Nur die Fahnen blieben unversehrt und lagen nachher auf der Straße."

„Ich habe davon gehört", nickte der Priester ernst. „Es war ein schreckliches Gottesurteil."

„Unsere Fahne kriegen sie nicht!", versicherte Franz Streler, der Bildschnitzer, löste das heilige Tuch von der Stange und steckte es unter seine Jacke. „Sie, Herr Kaplan, brauchen nicht zu wissen, wo das Banner ist. Finden tut's keiner. Hier, Seppel, bring die Stange ins Jugendheim!"

„Na, dann macht's gut, Jungs!", verabschiedete sich der Priester und drückte jedem Einzelnen noch einmal die Hand. „Hubert, du kommst heute Abend zu mir!", wandte er sich an den jungen Drogisten Verporten, den Führer der ganzen Bande, der den Priester um Haupteslänge überragte. „Wir haben ein paar wichtige Dinge zu besprechen. Franz, Schorsch und Ferdi, ihr kommt auch!"

„Werden zur Stelle sein", versprachen die vier.

Der kleine, flachsköpfige Norbert aber grinste: „Aber trinkt euch keinen Zacken am Namenstagsappelwoi!"

Dann aber brachte er sein Fell eilig in Sicherheit vor seines Führers gewaltigen Fäusten, die nach ihm griffen. Und lachend stob die Bande auseinander.

Ungebetener Namenstagsbesuch

Noch lag ein froher Schein auf dem Gesicht des Priesters, als er ins Pfarrhaus trat. Die Haushälterin aber kam ihm schon beim Eingang verstört entgegen und flüsterte ihm zu: „In Ihrem Zimmer warten zwei Herren auf Sie, ich glaube — Gestapo“, fügte sie kaum hörbar hinzu.

Johannes Hirt pfiff durch die Zähne. „Das ist ja ein unerwarteter Namenstagsbesuch“, sagte er schmerzlich lächelnd.

„Nee, Namenstagsbesuch ist das nun nicht, und einen Blumenstrauß haben wir auch nicht mitgebracht“, erscholl eine Stimme von der offenen Arbeitszimmertür her, aus der soeben ein etwas behäbiger, jovial tuender Herr trat.

„Dr. Meier, Gestapokommissar! Hier mein Ausweis! Wir erlauben uns, in Ihrer Stube ein wenig aufzuräumen.“

„Eine Haussuchung also“, nickte der Priester.

„So kann man es auch nennen“, stimmte der andere gemütlich zu. „Sie dürfen aber ruhig eintreten.“

In seinem Arbeitszimmer fand Johannes Hirt einen zweiten Abgesandten Himmlers, der sich schon äußerlich merklich von seinem Kollegen unterschied. Der Mann hatte einen so verbissenen Gesichtsausdruck, dass der Kaplan unwillkürlich an eine Bulldogge denken musste.

Es war nicht der erste Besuch, den der Priester von der Gestapo erhielt; so kannte er deren seltsame Gewohnheit, stets zwei sehr verschiedenartige Leute zu schicken, einen Salonfähigen und einen Grobian, einen Intelligenten und einen Gorilla oder, wie hier, einen Jovialen und eine Bulldogge. Warum das so war, konnte niemand sagen. Vermutlich geschah es, um den mit solchem Besuch Beehrten stets auf zweierlei Weise ansprechen zu können. Johannes

Hirt wusste, dass der Salonfähige, Intelligente und Joviale stets gefährlicher war als sein Partner.

„Inspektor Schnudrig", stellte Dr. Meier seinen Kollegen vor, der sich aber durch den eintretenden Kaplan durchaus nicht stören ließ und wütend in den Schreibtischschubladen herumkramte, um sie dann verdrossen wieder zuzuschieben.

„Kann ich Ihnen bei der Sucherei vielleicht ein wenig behilflich sein?", fragte der Kaplan. „Wenn Sie sagen, was Sie gerne hätten, werde ich es Ihnen geben!"

Die Bulldogge brummte etwas, von dem Johannes Hirt nur das Wort „Schnauze" verstand. Der Joviale aber meinte gemütlich: „Nun, Sie dürfen es ruhig wissen. Wir suchen alles Material, das sich auf katholische Jugendarbeit bezieht."

„Dann können Sie meinen Schreibtisch, in den Sie wohl mit einem Nachschlüssel eingebrochen sind, unbehelligt lassen. Es liegt alles in der grünen Mappe dort im Rollschrank, oberstes Fach links."

„Das ‚Einbrechen' verbitten wir uns", fauchte Herr Schnudrig wütend.

„Das möchte ich auch gerne, aber es hilft nichts", antwortete der Priester ergeben.

„Sie haben Humor", lachte Dr. Meier dröhnend, während sein Kollege dem Geistlichen einen grimmigen Blick zuwarf und ihm zuzischte: „Die Witze werden Ihnen schon vergehen."

„Herr Kaplan! Sie haben ja noch gar keinen Kaffee getrunken", mahnte die Haushälterin, die zaghaft in der Tür erschien.

„Ja, lassen Sie sich nur nicht stören", sagte der Gemütliche. „Wir finden uns schon allein zurecht!"

Johannes Hirt konnte sich erinnern, dass ihm ein Namenstagskaffee schon besser geschmeckt hatte als an diesem Morgen. In Gottes Namen, die Himmlerschergen würden ja ihre Arbeit bald getan haben.

Als er wenig später wieder ins Zimmer trat, sagte der Joviale: „Wir sind hier fertig! Ist ja nicht viel, was wir gefunden haben, aber man muss zufrieden sein."

Die Bulldogge packte einen Stoß Papiere in eine gelbe Aktentasche.

„Ja, nun führen Sie uns man zum Jugendheim, da müssen wir auch noch aufräumen", sagte Dr. Meier.

Auch das Jugendheim wurde bis in den letzten Winkel durchstöbert. Man beschlagnahmte einen hochverräterischen Fußball, ein staatsgefährliches Tischtennis, ein reaktionäres Lottospiel, ein paar Jahrgänge der *Wacht** und zwei sehr zerlesene Karl-May-Bände.

Dann erblickte Dr. Meiers Späherauge die Fahnenstange, die Seppel nach der hl. Messe hierhergebracht hatte.

„Und wo ist das zugehörige Banner?", fragte er den Kaplan.

„Ich weiß nicht, wo es augenblicklich steckt", erwiderte der Priester wahrheitsgemäß.

„Schade, wirklich sehr schade, dass Sie das nicht wissen. Und vielleicht leider auch sehr unangenehm für Sie", bedauerte der Gestapomann.

„Wir sperren Sie ein, bis es da ist!", schnaubte die Dogge.

„Ja, wir könnten wirklich zu einem solchen Schritt gezwungen sein", fügte der Joviale mit wehmütigem Kopfschütteln hinzu. „Nun, vielleicht besinnen Sie sich doch darauf. Unser Chef hat eben den seltsamen Spleen, Christusbanner zu sammeln. Er hat schon eine ganz ansehnliche Menge beisammen. Das Ihre fehlt noch. Ich hoffe aber, Sie werden es ihm gerne zur Verfügung stellen, sagen wir bis morgen Mittag! Wird sich das machen lassen?"

* Zeitschrift der katholischen Jugend

„Nein, das lässt sich nicht machen", antwortete der Priester erregt. „Das Banner ist geweiht. Wir geben es nicht heraus."

„Hm! Hm! Schade, wirklich sehr schade! Wie kann man nur für die Liebhabereien der Gestapo so wenig Verständnis und Entgegenkommen zeigen? Ich könnte mir denken, dass es den Chef sehr verdrießt. Na, wollen sehen, was zu tun ist. Wer ist übrigens der Laienführer Ihrer Jugend?"

Der Priester gab keine Antwort.

Herr Schnudrig aber blätterte in dem grünen Aktenbündel herum und sagte: „Hubert Verporten heißt er. Hier steht es!"

„Warum wollen Sie das wissen?", fragte der Priester beunruhigt.

„Nun, wir wollen uns dort auch einmal umsehen und nach dem Banner erkundigen. Es wäre doch möglich, dass Ihr Jungführer es weiß."

Die Bulldogge pappte noch ein Papiersiegel auf den doch fast völlig ausgeräumten Schrank im Jugendheim, schloss ihn ab und steckte den Schlüssel ein.

„Sie können wieder nach Hause gehen", verabschiedete sich Dr. Meier. „Von einer Festnahme wollen wir noch einmal absehen. Aber Sie verstehen, dass Sie für uns in jedem Augenblick zur Verfügung stehen müssen. Daher kann ich Ihnen leider nicht gestatten, einstweilen das Pfarrhaus zu verlassen. Ja, doch, Sie dürfen morgens die Messe lesen. Aber sonst schön zu Hause bleiben, nicht wahr?"

„Also Hausarrest!", knurrte der Geistliche.

„Sie haben eine Vorliebe für hässliche Ausdrücke. Gewöhnen Sie sich das ab", lachte Dr. Meier.

Dann machte er sich mit seinem Kollegen auf den Weg.

Mit düsteren Gedanken kehrte der Priester heim. Mein Gott, hoffentlich passierte Hubert nichts. Zu dumm, dass er die Mitglieder- und Führerschaftslisten nicht längst verbrannt hatte. Indessen tröstete er sich mit dem Gedanken, dass die Gestapo das auch ohne das Verzeichnis herausgebracht hätte. Wahrscheinlich hatte sie längst die Namen aller Jugendführer.

Daheim erwartete ihn Pfarrer Walter in höchster Aufregung.

„Was sind das für Geschichten?", klagte er vorwurfsvoll. „Sie haben heute Nacht ein Johannisfeuer mit den Jungen gehalten. Haben Sie denn wirklich nichts Besseres zu tun, als zu nachtschlafender Zeit mit den Buben draußen herumzuspringen und ein Feuerchen anzustecken? Jetzt haben wir die Bescherung. Gestapo im Haus! Wer weiß, was noch alles draus wird. Sie bringen sich und die Jungen ja ins Konzentrationslager!"

„Die Gestapo hat das Johannisfeuer überhaupt nicht erwähnt", verteidigte sich der Kaplan.

„Das ist kein Beweis, dass sie nichts davon erfahren hat oder noch erfährt. Die Gestapo erfährt alles! Ich bitte Sie, junger Freund, seien Sie doch vorsichtiger! Sie machen ja sich und uns alle unglücklich! Was wollte die Gestapo denn von Ihnen?"

„Sie wollen unsere Fahne, das Christusbanner."

„Das Christusbanner!", stammelte der Pfarrer bestürzt. „Und haben Sie es ausgeliefert?"

„Herr Pfarrer, wie konnte ich das tun? Die Fahne ist geweiht. Sie selbst haben sie gesegnet. Die Jungen haben ihre Treue auf dieses Zeichen beschworen. All ihr Glaube, alle Kraft ihrer jungen Herzen ist damit verbunden. Konnte ich sie ausliefern?"

Lange Zeit schwieg der Pfarrer.

Dann schaute er seinen Mitarbeiter an und sagte: „Weiß Gott, Sie und Ihre Jungen machen mir Sorgen. Das damals mit den Trommeln und Pfeifen in der Kirche war ein böses Stück. Dann heute Nacht das Johannisfeuer war auch höchst überflüssig. Hätten sie mir einen Ton davon vorher gesagt, ich hätte es verboten."

„Darum habe ich es eben nicht gesagt!", trotzte Johannes Hirt. „Ich weiß, wie notwendig die Jungen eine solche Stunde haben, die ihnen neue Kraft gibt und weit noch in ihr junges Leben hineinleuchtet."

„Wie pathetisch ihr jungen Herren doch gleich immer seid! Ich weiß nur, dass die Jungen nachts den Schlaf notwendig haben. Aber reden wir nicht mehr davon. Ich wollte etwas anderes sagen. Hören Sie! Wenn die Gestapo noch einmal wegen der Fahne fragt, dann sagen Sie, ich hätte es Ihnen verboten, sie auszuliefern. Verstehen Sie? Ich nehme alles auf mich."

„Herr Pfarrer, das kann ich nicht annehmen!", stammelte Johannes Hirt erbleichend. „Denken Sie doch, Sie sind fast siebzig Jahre alt. Man könnte Sie ins Gefängnis sperren."

„In Gottes Namen!", seufzte der Pfarrer. „Gerade weil ich so alt bin, kann man mich hier wohl eher entbehren als Sie. Glauben Sie es mir, mein Lieber! Es freut mich, dass die Jungen so fest und treu zu Ihnen stehen. Sie können ihnen Führer zu Christus sein. Mich alten Mann verstehen sie ja leider nicht. Da müssen sie schon mit Trommeln und Pfeifen in die Kirche einmarschieren, um sich Gehör zu verschaffen."

„Herr Pfarrer", stammelte der Kaplan abermals, während ihm die Glut der Scham in die Stirn schoss. „Es war ja nicht so böse gemeint von den Jungen, und ich hatte doch keine Ahnung davon."

„Ich weiß, ich weiß", wehrte der Pfarrer die Entschuldigung ab. „War ja auch mal jung, und glauben Sie mir, Ihre Jungen sind meinem Herzen am allernächsten von allen Pfarrkindern! Darum hat damals das auch so weh getan, als sie mit dem Radau in die Kirche kamen. Aber nun

Schwamm drüber! Es bleibt also dabei! Ich habe Ihnen verboten, die Fahne auszuliefern, und nehme alle Verantwortung auf mich. Und nun Gott befohlen!"

Damit reichte der greise Priester dem Mitbruder die Hand und ging langsam aus dem Zimmer.

Lange noch starrte Kaplan Hirt auf die Tür, die sich hinter dem Pfarrer geschlossen hatte. So war das also! Das also war der Pfarrer Walter, den die Jungen heimlich oft so heftig kritisiert hatten. Johannes Hirt hörte noch die harten, trotzigen Worte: „Er passt nicht mehr in unsere Zeit!" — „Er soll sich doch pensionieren lassen!" — „Hat ja doch kein Verständnis für uns!"

Und nun musste der junge Priester mit einem Mal erfahren, dass alles ganz anders war, dass der Pfarrer seine Jungen mit rechter Priestersorge liebte, vielleicht viel mehr noch und viel aufrichtiger als er selbst, dass er um ihres Undankes willen litt, den er wahrlich nicht verdiente, dass er bereit war, ins Gefängnis zu gehen, um ihre Fahne zu retten und sie alle zu schonen und ihn ebenfalls.

Nein, nein und tausendmal nein! Er würde das Opfer nicht annehmen. Dieses Mal würde er ungehorsam sein. Das konnte der Pfarrer nicht von ihm verlangen! Johannes Hirt hatte schon den Türgriff in der Hand, um dem Pfarrer nachzugehen und ihm seine Weigerung zu erklären. Aber es würde ja doch nichts nützen.

So setzte er sich an den Schreibtisch, suchte seine Gedanken zu sammeln und schlug endlich das Brevier* auf, weil er vom Gebet Trost und Rat erhoffte.

„Deus in adiutorium meum intende!", flehte er aus inbrünstigem Herzen. „Gott, hab Acht auf meine Hilfe! Herr, eile mir zu helfen!"

* Enthält die Texte für das Stundengebet, zu dem die Priester verpflichtet sind.

Ein ernster Entschluss

Still ging der Rest des Tages vorüber. Die Mahlzeiten, die der Kaplan mit dem Pfarrer teilte, verliefen ohne viele Worte. Wenn Johannes Hirt auf die Fahnengeschichte zu sprechen kommen wollte, wehrte der Pfarrer ab und sagte: „Darüber reden wir nicht mehr. Sie tun, was ich Ihnen gesagt habe."

Was war da schon zu machen?

Nach dem Nachtessen kamen Franz, Toni und Schorsch ins Kaplanszimmer, überreichten dem Priester mit großem Hallo einen St. Georg, den der Bildschnitzer gefertigt hatte, und zauberten schließlich auch noch eine Flasche Apfelwein hervor. Sie wunderten sich, dass der Priester sie trotz ihres herzlichen Glückwunsches mit tiefem Ernst empfing.

„Was ist denn los?", fragte Franz Streler.

Der Kaplan berichtete, was geschehen war.

Als die Jungen von dem Entschluss des Pfarrers erfuhren, sich für sie und die Fahne zu opfern, machten sie runde Augen und schauten bedrückt vor sich hin.

Dann wurde es ganz still im Zimmer.

Toni Breitkamp zupfte an seinen Schusterfingern, dass sie knackten. Der Bildschnitzer stieß ein paar Worte heraus, die nicht nach einem Stoßgebet klangen. Schorsch Hilbig starrte den Kaplan an, als habe er ihm soeben von einem Wunder berichtet.

„So ist das also!", nickte der Kaplan. „Das ist unser Pfarrer. Jetzt kennt ihr ihn."

„Und wir haben damals das Spektakel gemacht mit den Trommeln und Pfeifen!", stotterte der Schuster zerknirscht.

„Und haben über ihn geschimpft, weil er nicht immer gleich wollte, wie wir wollten!", sagte Schorsch.

„Ja, wir haben unserem Pfarrer wohl alle etwas abzubitten!", sprach der Priester leise.

„Verd …!“, fluchte Toni wieder vor sich hin.

Franz aber sprang jäh auf und rief: „Also, das gibt es nicht, Herr Kaplan! Das lassen wir nicht zu! Der Pfarrer geht nicht für uns ins Kittchen! Dann schon lieber wir alle zusammen.“

„Aber er hat mir befohlen …“, wandte der Priester sein.

„Überlassen Sie das uns“, unterbrach der Bildschnitzer. „Sie haben nichts damit zu tun! Aber die Fahne bekommen sie nicht! Ich habe sie heute unter den Fußboden meiner Werkstatt eingenagelt. Ich wette, sie finden sie nicht!“

Es klopfte.

Die Haushälterin trat ein und meldete Frau Verporten, die den Kaplan unbedingt sprechen müsse. Der Priester sprang auf, ging ihr entgegen und führte sie ins Zimmer.

„Ach, Herr Kaplan“, jammerte die Frau unter Tränen. „Hubert ist heute den ganzen Tag nicht aus der Drogerie nach Hause gekommen, nicht zum Mittagessen und nicht zum Abendbrot. Und dann hat soeben die Gestapo angerufen, sie hätten Hubert festgenommen und er käme erst wieder frei, wenn das Christusbanner auf der Gestapostelle abgeliefert sei! Ach, du mein Gott! Mein Gott!“

Es wurde totenstill im Zimmer. Der Kaplan war ganz bleich geworden. Die Jungen starrten düster vor sich hin. Nichts hörte man als das leise Schluchzen der unglücklichen Mutter.

„Versprechen Sie mir, Herr Kaplan, dass Sie die Fahne hinschicken“, bat sie endlich mit erhobenen Händen. „Später will ich gern für eine neue sorgen. Ich habe noch guten Stoff und kann nähen. Sie wird bestimmt nicht schlechter als das alte Banner.“

„Aber es ist doch ein geweihtes Fahnentuch“, erinnerte sie der Priester.

„Ach ja, ach ja", ächzte die Frau. „Ich weiß es ja! Aber mein Junge, mein armer Junge!"

„Hubert wird gar nicht wollen, dass wir die Fahne ausliefern", sagte der Bildschnitzer, und seine Gefährten nickten dazu.

„Ich glaube es ja selbst auch, dass er es nicht will", jammerte die Mutter. „Aber wir können ihn doch nicht im Gefängnis lassen. Ach, Gott, wenn mein seliger Mann das noch erlebt hätte! Diese Schande, diese Schande!"

„Das ist keine Schande, das ist eine Ehre, um der Treue willen im Gefängnis zu sitzen", sagte Schorsch tadelnd. „Auch Christus hat eine Nacht im Kerker verbracht!"

„Aber sie müssen ihn wieder freilassen", beharrte die Mutter. „Er ist doch mein einziger Junge!"

„Beruhigen Sie sich! Ihr Junge kommt nach Hause", sagte der Priester nach schwerem innerem Kampf und fügte fast unhörbar hinzu: „Wir liefern die Fahne aus."

Den Jammer der Mutter konnte er nicht mehr ertragen. Einen anderen Weg aber, Hubert frei zu bekommen, sah er nicht.

Als sich Frau Verporten mit vielen Dankesworten verabschiedet hatte, legte sich bleischwere Stille über die vier im Arbeitszimmer. Dann brachen die Jungen los:

„Herr Kaplan", sagte Franz Streler, „da mach ich nicht mit. Ich gebe die Fahne nicht heraus."

„Nee, lieber gehen wir alle ins Gefängnis", knurrte der Schuster.

„Überlegen Sie doch, ob es nicht einen anderen Weg gibt", drängte der Primaner.

„Also, hört zu, Kerle", sagte der Kaplan nach einer Weile dumpfen Schweigens. „Hubert muss frei werden. Das ist Punkt eins. Der Pfarrer darf nicht ins Gefängnis, Punkt zwei. Punkt drei: Wir müssen halt unsere Fahne ausliefern!"

„Bei Punkt eins und zwei machen wir mit", versicherte Franz Streler entschieden. „Punkt drei fällt aus!"

„Gut, dann nennt mir eine andere Lösung", forderte der Priester.

Lange herrschte nun Schweigen, während die Jungen verzweifelt nach einem Ausweg suchten.

In die Stille hinein hallte wieder ein energisches Pochen. Ferdi Holthus, der junge Kaufmann, stürmte aufgeregt herein.

„Weiß schon alles", wehrte er ab, als die anderen berichten wollten. „Hubert sitzt und soll erst freigelassen werden, wenn das Banner da ist. Aber wir rücken es nicht heraus."

„Wir müssen, Ferdi. Es bleibt kein anderer Weg", antwortete der Kaplan und berichtete schließlich, dass der alte Pfarrer sich opfern wollte.

Ferdi machte ungläubige Augen und pfiff dann leise durch die Zähne. „Donnerwetter! Donnerwetter!"

„Na, siehst du, und das darf doch nicht geschehen! Darum tragt die Fahne in Gottes Namen zur Gestapo!"

„Ich tu es nicht", weigerte sich Franz.

„Ich auch nicht", sagte der Schuster.

„Ich tu es ganz gewiss nicht", wehrte sich auch der Primaner.

„Keiner tut's", sagte Ferdi entschieden. „Hört zu! Ich nehm's auf mich. Du gibst mir die Fahne, Franz. Ich verstecke sie daheim, rufe dann die Gestapo an und teile ihr mit, dass das Banner bei mir ist. Und ich lass mir eher die Seele aus dem Leibe reißen, als dass ich die Fahne verrate!"

Straff, mit geballten Fäusten stand Ferdi im Kreis der Jungen, die von ihren Sitzen aufgesprungen waren. Sein Gesicht war hell, und in seinen Augen loderten Flammen.

„Weißt du auch, was du tun willst?", fragte der Priester nach langem Schweigen. „Weißt du, was das heißt, der Gestapo in die Hände zu fallen? Sie werden dich verhaften, verhören, misshandeln, sie werden dich hungern und dürsten lassen. Vielleicht stecken sie dich zum Schluss in ein KZ. Und das alles willst du auf dich nehmen?"

„Das alles, Herr Kaplan, so wahr mir Gott helfe!"

„Nein, Ferdi, das nehmen wir nicht an!", fuhr Franz Streler auf. „Das überlassen wir dir nicht allein. Ich teile mit dir die Fahne und die Verantwortung."

„Ich auch", stimmte der Primaner bei.

„Ich bleib auch nicht zurück", sagte der Schuster trotzig.

„Gut also", sagte Ferdi und schlug in die dargebotenen Hände ein. „Machen wir's zusammen! Und ein Schuft, wer die Treue bricht!"

„Jungs, ihr wisst nicht, was ihr tut", mahnte der Priester mit bebender Stimme. „Ich werdet es bereuen. Sie machen euch mürbe, verlasst euch drauf! Und dann erspart euch lieber den Spott!"

„Kein Mensch macht uns mürbe! Die Gestapo schon gar nicht", knirschte Ferdi, und es klang wie ein Schwur. „Kommt, Freunde, das andere machen wir unter uns aus!"

Das Gelöbnis

Am gleichen Abend noch wanderten die vier aus Hallstadt schweigend zu einem zwischen reifenden Ährenfeldern gelegenen Marienheiligtum. Sie entzündeten ein paar Kerzen, in deren Schein das Bild Unserer Lieben Frau wundersam aufschimmerte.

„Die Fahne", drängte Ferdi Holthus.

Der Bildschnitzer entfaltete das blaue Tuch mit dem silbernen Christuszeichen und legte es zwischen die brennenden Lichter.

„Wir wollen beten", sagte Ferdi. „Ein Ave, damit wir nicht untreu werden!"

Heilig ernst sprachen die Jungen den Engelgruß.

„Ein zweites Ave für alle jungen Christen in unserem Vaterland!"

Abermals grüßten die betenden Stimmen Unsere Liebe Frau.

„Das dritte Ave für unsere Priester, damit auch sie standhaft seien!"

Ein wenig verwundert schauten die Freunde auf, dann aber hallte zum dritten Mal der himmlische Gruß.

Der Primaner zog das Neue Testament aus der Tasche und las feierlich im Schein der Kerzen das Gelöbnis des Apostels, das die Jungen in dieser Stunde zu ihrem eigenen machten.

„Wer wird uns scheiden von der Liebe Christi?
Trübsal? Angst? Hunger? Blöße? Gefahr?
Verfolgung oder Schwert?
Es steht ja geschrieben: Deinetwegen sterben wir den ganzen Tag und gelten als Schlachtschafe. Aber in alledem bleiben wir Sieger um dessentwillen, der uns geliebt

hat. Denn ich weiß: Weder Tod noch Leben, weder Engel noch Gewalten, weder Gegenwärtiges noch Zukünftiges, weder Höhe noch Tiefe noch irgendein anderes Geschöpf kann uns trennen von der Liebe Gottes, die da ist in Christus Jesus, unserem Herrn!"

„Teile nun die Fahne", gebot Ferdi.

Franz Streler zerschnitt das Bannertuch, das die Freunde ausspannten, in vier gleiche Teile und gab jedem sein Stück. Die Jungen empfingen es mit ernster Freude und bargen es sorglich unter ihrer Jacke. Hart und entschlossen waren die Gesichter, wie aus Stein gemeißelt; doch ein heller Schein loderte aus ihren Augen.

„Wir schwören einen heiligen Eid", sprach nun Ferdi Holthus, „dass wir lieber sterben wollen als die Fahne verraten. So wollen wir es halten, so wahr uns Gott helfe!"

„So wahr uns Gott helfe!", wiederholten die Gefährten.

Dann fanden sich ihre Hände zusammen zu festem, mannhaftem Druck.

Lange noch schauten die Jungen in die verflackernden Kerzen. Dann stimmte Ferdi das Lied an, das die anderen mit kraftvollen Stimmen aufgriffen:

„Die Stunde kommt, da man dich braucht,
Dann sei du ganz bereit!
Und in das Feuer, das verraucht,
Wirf dich als letztes Scheit!"

Schweigend schritten die vier Verschworenen wieder der Stadt zu. Über ihren Häuptern brannte die Nacht ihre Sterne an.

Martyrium oder nicht?

Nach der heiligen Messe am nächsten Morgen standen die vier Freunde vor ihrem Seelsorger in der Sakristei und berichteten ihm, was sie getan und geschworen hatten.

„Ich werde also heute die Gestapo anrufen und es melden!“, sagte Ferdi Holthus.

„Ich bitte euch, noch vierundzwanzig Stunden zu warten“, beschwor Kaplan Hirt die Jungen. „Heute ist Dekanatskonferenz in unserem Pfarrhaus. Ich möchte die Ansicht der Mitbrüder hören. Allein mag ich die Verantwortung nicht tragen!“

„Die tragen wir“, sagte Toni Breitkamp entschieden.

„Aber wartet bitte bis morgen früh“, bat der Priester abermals.

„Nicht gern“, antwortete Ferdi. „Unser Entschluss steht ohnehin fest. Daran ändert auch die Dekanatskonferenz nichts. Aber weil Sie es wünschen, werden wir einen Tag warten, aber nicht länger.“

„Ich habe noch eine Frage, die Sie uns beantworten müssen“, forderte Schorsch Hilbig. „Was wir geschworen haben, bleibt geschworen, und wir nehmen nichts davon zurück. Aber es mag ja nun sein, dass es uns ans Leben geht. Da haben wir nun eine Frage.“ Zögernd schaute er seine Freunde an, die ihm ermutigend zunickten.

„Nun also?“, forschte der Priester.

„Unsere Frage mag Ihnen seltsam erscheinen und vielleicht gar ein wenig zu vermessen. Aber das wollen wir wissen.“ Schorsch Hilbig riss sich zusammen und schaute den Priester fest an. „Wenn wir nun sterben müssen, weil wir die Fahne nicht herausgeben, ist so ein Tod dann ein Martyrium oder nicht?“

„Ja, das wollen wir wissen!", nickte Franz Streler, und auch die anderen schauten den Geistlichen erwartungsvoll an.

„Nach christlichem Sprachgebrauch", erwiderte Johannes Hirt nach einer Pause des Nachdenkens, „ist der ein Märtyrer, der für seinen Glauben den Tod erleidet oder auch um einer hohen Tugend willen, zum Beispiel der Herzensreinheit."

„Und wenn's nun um die Fahne geht und um die Treue?", drängte Schorsch.

„Ich wage darauf keine Antwort zu geben", zögerte der Kaplan. „Aber wartet bis morgen oder kommt heute Abend. Wir haben im Dekanat ein paar gelehrte Herren, denen ich die Frage vorlegen will."

„Gut also", beschloss Ferdi, „warten wir bis morgen."

Mit festem Handschlag verabschiedeten sich die Jungen.

Kaplan Hirt fiel es nicht leicht, dem Pfarrer den Entschluss der jungen Männer mitzuteilen.

„Und das soll ich dulden?", begehrte der greise Priester auf. „Ich soll das dulden, dass vier Jungen aus meiner Pfarrei ins Gefängnis oder ins KZ wandern, dass vier Familien ins größte Leid gestürzt werden, dass vier Mütter vor Angst und Sorge vergehen, nur weil die Jungen die Verantwortung tragen wollen, um sie mir abzunehmen? Nein, mein Lieber, da kennen Sie mich schlecht!"

„Herr Pfarrer", beschwor ihn der Kaplan. „Denken Sie an Ihr Alter! Das halten Sie ja gar nicht aus. Das macht Ihr Herz doch nicht mehr mit!"

„Dummes Zeug!", knurrte der Pfarrer. „Das Herz wird schon durchhalten, und wenn nicht, was liegt an den paar Jahren, die ich sonst noch zu leben hätte?"

Der junge Priester senkte den Kopf. „Ich hätte die Fahne von den Jungen fordern und mich selbst der Gestapo stellen müssen", sagte er beschämt.

„Das verbiete ich Ihnen!", fuhr der Pfarrer auf. „Sie bleiben auf Ihrem Posten. Ich stehe für die Fahne ein!"

Mit großen Schritten durchmaß er das Zimmer, griff endlich nach seiner langen Pfeife, entzündete sie und ließ sich in seinen großen Ledersessel fallen.

„Lieber Freund", sagte er nach ein paar kräftigen Zügen, bei denen ihm der Rauch in dicken Wolken um die Ohren flog. „Sie haben ja recht. Ich bin ein alter Mann. Mit so manchem, was man heute für notwendig hält, komme ich nicht mehr recht mit. Kann es eben nicht verstehen, dass die Leute in der Kirche genau das Gleiche beten müssen wie der Priester am Altar, dass das gar so verwerflich sein soll, wenn ein altes Mütterchen statt dessen den Rosenkranz durch die Finger gleiten lässt. Und die neue Art in der Jugendseelsorge ist mir auch fremd. Kann's nicht recht begreifen, warum das nicht mehr nach der alten Methode gehen soll, wo der Präses allein das Regiment führte und die Jungen nichts anderes zu tun hatten als zu gehorchen. Heute scheint oft so ein Jungführer manchem Kaplan über den Kopf zu wachsen."

„Wir wollen eben selbstständige Kerle, die nicht mehr gegängelt zu werden brauchen, sondern religiös und charakterlich mündig sind!"

„Nun ja, das sind auch so moderne Ausdrücke, mit denen ich nicht ganz fertig werde. Aber es mag ja sein, dass ihr Jungen recht habt. Ich komme nur eben nicht mehr mit. Müsst da schon Nachsicht haben mit eurem alten Pastor. Aber dass ein Pfarrer seine Herde nicht vom Wolf zerreißen lässt, sondern dafür einsteht und sich als Erster dem Raubtier stellt, das habe ich gelernt und stets so gehalten."

Der alte Priester war wieder aufgesprungen und stand hoch aufgereckt vor seinem Kaplan, das Pfeifenrohr in der knochigen Hand. „Und so wird es auch diesmal gehalten werden, und vielleicht lernen Ihre ‚Kerle', wie Sie die Jünglinge nennen, doch noch ein bisschen Respekt vor ihrem alten Pfarrer."

Der Kaplan versuchte noch manches einzuwenden, aber der Pfarrer ließ ihn nicht mehr zu Wort kommen und drängte ihn schließlich zu gehen. Als er allein war, blätterte Pfarrer Walter hastig in einem dicken Telefonbuch, wählte und wartete ungeduldig auf die Verbindung. Was er für seine Pflicht hielt, wollte er möglichst rasch erledigen.

„Geheime Staatspolizei!", meldete sich eine scharfe Stimme.

„Hier spricht der Pfarrer von Hallstadt. Ich möchte Ihnen in der Fahnenangelegenheit mitteilen ..."

„Einen Augenblick, ich verbinde!", unterbrach man ihn. Es meldete sich nach einigem Warten eine andere Stimme.

„Dr. Meier hier!"

Der Pfarrer nannte seinen Namen und sagte, er habe eine Mitteilung zu machen.

„Also hören Sie gut zu! Ich habe meinem Kaplan Hirt verboten, die Fahne auszuliefern. Ich nehme alles auf meine Kappe. Haben Sie mich verstanden, Herr Doktor?"

„Gewiss", kam die Antwort. „Aber ich bin sehr erstaunt. Warum verbieten Sie, was der Staat befiehlt? Sie predigen doch immer: ‚Gebt dem Kaiser, was des Kaisers ist, und Gott, was Gottes ist!' Nun, wie steht es jetzt damit?"

„Die Fahne ist Gottes und nicht des Kaisers. Das Christuszeichen steht darauf und nicht ein Hakenkreuz oder sonst was."

„Nun, wir wollen uns nicht streiten", meinte der Gestapomann gemütlich. „Aber wissen Sie auch, dass Ihre Mitteilung für Sie sehr böse Folgen haben kann? Ja, sie wird böse Folgen haben, ganz bestimmt sogar! Das muss ich Ihnen schon sagen."

„Die Folgen sind Ihre Sache, nicht die meinige!", schloss der Priester und legte den Hörer auf.

Ein paar Stunden später fuhr ein Auto vor dem Pfarrhaus vor. Man holte den Pfarrer zu einer „Vernehmung", von der er nicht zurückkam.

Am Nachmittag herrschte ganz gegen die sonstige Gewohnheit eine sehr gedrückte Stimmung unter den zur Dekanatskonferenz versammelten Geistlichen. Die Verhaftung des Pfarrers lag auf der Tagung wie ein dunkler Schatten und ließ kein frohes Wort aufkommen.

Der Unglücklichste von allen war Kaplan Hirt, der mit tiefer Erregung über das Geschehene berichtete. Er sprach dann auch von der Teilung der Fahne und vom Schwur, den die Jungen geleistet, und stellte endlich die Frage, ob man ihre Tat zulassen dürfe.

„Eine vertrackte Geschichte", sagte der alte Dechant verdrießlich. „Das kommt von all der jugendlichen Unbesonnenheit. Hätten Sie die Fahne ruhig ins Jugendheim tragen lassen, dann hätte die Gestapo sie eben mitgenommen wie hundert andere auch, ohne dass Sie sie auszuliefern brauchten. Was kommt denn bei dem ganzen Versteckspiel heraus? Glauben Sie denn, die Jungen hielten stand, wenn die Gestapo sie erst einmal nach ihren Methoden in die Mangel nimmt?"

„Ja, das glaube ich", flammte Kaplan Hirt auf.

„Dummes Zeug", knurrte der Dechant. „Nach zwei, drei Tagen spätestens sind sie fertig. Blamiert sind sie dann auch und wir alle mit. Nein, nein, mit all dem unreifen Ungestüm kommen wir nicht weiter. Etwas mehr Klugheit hätte uns vieles erspart."

„Entschuldigen Sie, Herr Dechant", meldete sich einer der jüngeren Herren zu Wort, „ich muss Ihnen widersprechen. Mit all unserer Klugheit richten wir das Gottesreich zugrunde. Was wir brauchen, sind Mut und Standfestigkeit. Kaplan Hirt kann stolz auf seine Jungen sein, und ich sage, wir dürfen sie nicht hindern, das zu tun, was sie geschworen haben."

Einige der Herren schüttelten bedenklich den Kopf, andere gaben begeisterte Zustimmung.

„Liebe Mitbrüder", sagte einer der älteren Herren, Religionslehrer am Gymnasium. „Wir bewundern den Glaubensmut und die Treue der Kirche in ihren ersten Zeiten und predigen gerne über die Blutzeugen Gottes. Wenn nun heute junge Christen das Wagnis dieser Treue wiederum auf sich nehmen und mit herrlichem Mut für eine heilige Sache einstehen, dürfen wir ihnen dann in den Arm fallen? Dürfen wir ihnen dann den Vorwurf mangelnder Klugheit machen? Besteht denn die Klugheit immer nur im Zurückweichen, Ausweichen und Sich-an-der-Verantwortung-Vorbeidrücken? Kann nicht auch die Klugheit gebieten, endlich einmal festzustehen, dem Feind die Stirn zu bieten, damit er sieht, dass er einen Gegner vor sich hat, der zu kämpfen versteht? Sie glauben, die Jungen hielten nicht stand? Nun, einen von ihnen kenne ich, er ist mein Schüler. Ich trau ihm schon zu, dass er nicht schwach wird. Im Übrigen bin ich überzeugt, dass der Heilige Geist auch heute noch wirkt wie in den Zeiten der Märtyrer."

Letztere Bemerkung nahm Kaplan Hirt zum Anlass, die Frage zu unterbreiten, die ihm die Jungen am Morgen gestellt hatten.

„Wir dürfen sie sicherlich Märtyrer nennen, wenn man ihnen das Leben nimmt", nickte der Religionslehrer. „Die Fahne ist doch Sinnbild und Unterpfand ihres Glaubens, und die Treue ist keine schlechtere Tugend als die Reinheit!"

Zwar regte sich hier und da Widerspruch, aber im Ganzen stimmte man zu. Der Dechant aber warf wieder die Frage auf, was nun zu geschehen habe.

„Die kirchliche Behörde soll entscheiden!", schlug endlich einer der Pfarrer vor, und einige der Anwesenden atmeten erleichtert auf. Telefonisch war das freilich nicht zu machen, aber der junge Kaplan, der sich so entschieden für die vier Verschworenen eingesetzt hatte, erbot sich, mit dem Motorrad zur kirchlichen Behörde zu fahren. Gegen Abend sei er dann wieder zurück. Da er seine Maschine bei sich habe, könne er sofort losbrausen.

So geschah es denn auch.

Am Abend kam der Bote wirklich mit der Antwort zurück, die zu erwarten man beisammen geblieben war.

„Man sagt", berichtete der junge Priester, ohne sich Zeit zu nehmen, den Ledermantel abzulegen, „die Fahne darf als geweihte Sache nicht ausgeliefert werden. Was im Übrigen zu geschehen habe, könne nur nach Kenntnis der örtlichen Verhältnisse, also nicht von der Behörde entschieden werden."

„Ein salomonisches Urteil", spöttelte einer der Herren.

Kaplan Hirt atmete auf und sagte: „Die Sache ist also entschieden. Die Fahne wird nicht hergegeben. Da ich die Jungen nicht hindern kann, sich der Gestapo zu stellen, wird es geschehen. Sähe ich eine Möglichkeit, mich für sie zu opfern, täte ich es mit Freuden. Da aber eine solche Möglichkeit nicht besteht, kann ich nichts anderes tun, als für sie beten."

In tiefem Ernst gingen die Geistlichen an diesem Abend auseinander.

In seinem Arbeitszimmer aber erwarteten die vier Verschworenen schon Kaplan Hirt und bedrängten ihn aufs Neue mit ihrer Frage.

„Ja, es ist so", erwiderte der Priester. „Es wäre ein echtes Martyrium, wenn ihr um der Treue willen das Leben lassen solltet."

„Das genügt", sagte Ferdi mit fester Stimme. „Mehr wollten wir nicht wissen."

Dann reichten die vier ihrem Seelsorger die Hand und verließen das Zimmer.

Die Gestapo wundert sich

„Hier Geheime Staatspolizei, Kommissar Dr. Meier. Wer ist dort?"

- - - - -

„Was? Wieder Hallstadt? Was ist denn los?"

- - - - -

„Ja, natürlich kommen sie frei, wenn wir wissen, wer die Fahne hat."

- - -

„Jawohl, der Jungführer und der Pfarrer auch, selbstverständlich."

Dr. Meier hielt die Hand auf die Hörmuschel und flüsterte dem am Tisch sitzenden Kollegen, Inspektor Schnudrig, zu: „Scheint sich um eine Denunziation zu handeln. Notieren Sie bitte!"

- - - -

„Was? Sie selbst haben die Fahne? In vier Teile zerschnitten? Wie bitte? Augenblick, wir notieren die Namen: Ferdinand Holthus, Georg Hilbig, Anton Breitkamp und Franz Streler. Ja, wir haben notiert. Geben Sie bitte noch die Adressen an!"

- - - -

„So, danke sehr! Wir werden also kommen und die Fahnenstücke holen, oder bringen Sie die hierher?"

- - - - -

„Was, Sie wollen die Fetzen nicht ausliefern?"

Zum ersten Mal verlor der sonst so joviale Herr Meier seine Ruhe. „Ja, Menschenskind, sind Sie denn verrückt geworden?", brüllte er in die Muschel. „Ich lasse Sie alle vier verhaften, verstanden!"

Wütend warf er den Hörer auf die Gabel, wandte sich

dann, immer noch aufs Äußerste erregt, an den Kollegen und sagte: „Die Kerle sind ja wahnsinnig! Denunzieren sich selbst und weigern sich dann, die Fahne herauszugeben. So weit sind wir also, dass ein paar grüne Jungen der Gestapo die Stirn bieten. So eine Frechheit!"

„Da sehen Sie, wie weit Sie mit Ihren Glacéhandschuhen kommen", antwortete die Bulldogge spöttisch. „Na, überlassen Sie die Bürschlein einmal meiner Behandlung. Ich fresse einen Besen, wenn sie bis spätestens übermorgen nicht fertig sind, aber total fertig!"

Dr. Meier wandte sich dem Fenster zu und schaute auf die Straße.

Draußen zog ein Trupp Hitlerjungen vorbei und schmetterte das Fahnenlied der staatlich lizensierten und staatlich gegängelten Jugend.

„Unsre Fahne flattert uns voran,
Unsre Fahne ist die neue Zeit,
Und die Fahne führt uns in die Ewigkeit,
Ja, die Fahne ist mehr als der Tod."

„Was meinen Sie, Kollege", sagte Dr. Meier langsam, „ob diese Jungen sich auch so schneidig für ihre Fahne einsetzen würden wie diese Burschen in Hallstadt?"

„Aber selbstverständlich!", begehrte Herr Schnudrig auf. „Unsere Hitlerjugend! Die Jugend unseres Führers! Wie können Sie daran nur zweifeln?"

„Ich weiß nicht recht, ich zweifle trotzdem!", seufzte Dr. Meier und schaute wieder auf die Straße, von der soeben die Schlussverse der zweiten Strofe heraufklangen.

Jugend! Jugend! Wir sind der Zukunft Soldaten.
Jugend! Jugend! Träger der kommenden Taten.
Führer, wir gehören dir,
Wir Kam'raden, dir!
Unsre Fahne flattert uns voran,
Unsre Fahne ist die neue Zeit,

Und die Fahne führt uns in die Ewigkeit,
Ja, die Fahne ist mehr als der Tod."

„Haben Sie schon mal darüber nachgedacht, wie es kommt, dass sich manche Leute zum Dichten berufen fühlen, die besser Holz klein schlügen?", fragte Dr. Meier, ohne sich umzuwenden.

„Aber wie meinen Sie denn das?", fuhr die Bulldogge auf. „Sie wollen doch nicht etwa sagen ..."

„Na, ein Meisterwerk ist die Reimerei von dem tüchtigen Baldur* nun wirklich nicht", sagte Dr. Meier spöttisch. „Aber nun gucken Sie mich nicht so entgeistert an und schreiben Sie lieber die Haftbefehle für die vier Burschen in Hallstadt aus. Wenn sie dann hier sind, lassen Sie den Jungführer und den Pfarrer frei!"

Während Herr Schnudrig kopfschüttelnd ein paar Blätter in die Maschine spannte, trommelte Dr. Meier mit den Fingern gegen die Fensterscheiben und summte: „Unsre Fahne ist mehr als der Tod!"

* Baldur von Schirach (1907-1974), Reichsjugendführer der NSdAP

Mütter

„Bitte, Mutter, nun weine nicht mehr!", sagte Ursula Hilbig entschieden. „Ich bin stolz auf den Schorsch, und du sollst es auch sein! Es wäre ihm nicht recht, wenn er deine Tränen sähe!"

„Ach, wie du nur redest!", jammerte die unglückliche Frau. „Mein armer Junge im Gefängnis! Er hat noch nie etwas Unrechtes getan, war immer brav und ehrlich und gut gegen jedermann. Und nun ist er eingesperrt, nur wegen der Fahne. Wo habt ihr das Stück eigentlich hingetan?"

„Das wird nicht verraten, Mutter!", weigerte sich das etwa siebzehnjährige Mädchen. „Du bist imstande und bringst es zur Gestapo, damit der Schorsch freikommt. Aber das tust du nicht!"

„Dass die Polizisten es aber auch nicht gefunden haben, wo sie doch alles durchstöberten!", klagte die Mutter. „Wär' mir doch lieb gewesen, sie hätten das Tuchstück entdeckt. Dann hätten sie den Schorsch wohl heimgeschickt. Haben doch gesagt, als sie gingen: Sobald der Fetzen da ist, kommt der Junge heim! Ja, ich glaube wirklich, wenn ich das Stück fände, ich brächte es hin! Dass du es weißt! Aber du hast wohl gar keine Liebe zu deinem Bruder?"

„Mutter!", brauste Ursula auf. „Das darfst du nicht sagen. Du weißt doch, wie gut ich mich mit Schorsch verstehe. Aber gerade darum hüte ich nun für ihn das Fahnentuch, und nicht einmal du erfährst, wo es verborgen ist."

„Aber du weißt doch auch, wie ärgerlich der Vater über die ganze Sache ist. Er ist doch Beamter und kann seine Stelle nicht riskieren, und das gerade jetzt, wo er zum Postinspektor befördert werden sollte. Der Direktor hat ihn rufen lassen und ihm auseinander gesetzt, dass daran jetzt gar nicht mehr zu denken sei. Das muss den Vater doch verdrießen, so strebsam, wie er ist."

„Kommt es darauf denn jetzt an?", fragte das Mädchen mit schmerzlichem Lächeln. „Es geht doch um Größeres als um einen Stern mehr oder weniger am Kragen. Es geht doch um unsere Jugend, um Kirche und Vaterland. Es geht darum, ob es in Deutschland noch junge Christen gibt, die den Mut haben, für ihre Ideale zu kämpfen und zu leiden, oder ob wir alle gehorsame Schafe von Hitlers Gnaden sind, die sich willenlos treiben lassen, wohin der hohe Herr befiehlt."

„Um Gottes willen, Kind, sprich doch nicht so laut!", mahnte die Mutter ängstlich. „Wenn dich jemand hört!"

„Na, wenn schon, was liegt daran?", trotzte Ursula. „Soll denn nun wirklich die Furcht allein unser ganzes Leben lenken und nicht mehr Tapferkeit und Treue? Was wäre denn dann unsere Jugend? Es wäre doch alles so klein und erbärmlich, beschmutzt und besudelt und ohne alle Würde!"

„Ja, ja, genau so hat der Schorsch auch immer geredet!", seufzte die Mutter. „Und nun haben sie ihn eingesperrt. Es ist schon ein Leid!"

Auch in das Haus des Schusters Breitkamp waren Leid und Sorge eingekehrt. Der Meister klopfte in seiner Werkstatt wütend aufs Leder, und wagte Norbert, der flachsköpfige Lehrjunge aus St. Ulrichs Sippe, einmal ein Wort zu sagen, knurrte er ihn ganz gefährlich an. In lärmendem Gepolter suchte der Meister sich selbst und auch seine Frau über den Kummer hinwegzutäuschen, der ihn doch keinen Augenblick losließ.

„Setzt sich der Bengel, der Toni, bequem und breit auf seine Gefängnisbank und faulenzt da herum, statt dass er hier auf dem Schusterschemel hockt und mir bei der Arbeit hilft, und ich kann mich mit dem Nichtsnutz von Lehrling totschaffen."

„Das meinen Sie auch nicht so, wie Sie das sagen", wagte der Junge einzuwenden, aber der Meister fauchte ihn so wütend an, dass er den Mund hielt.

Einen Augenblick später kam die Meisterin in die Werkstatt, ein Paket unter dem Arm. „Sie haben's nicht angenommen bei der Gestapo!", sagte sie, kaum mehr fähig, die Tränen zurückzuhalten. „Ich hab' alles wieder mitgebracht."

„Recht geschieht es dem Bengel", knurrte der Meister. „Das fehlt auch noch, dass du ihm Wurst und Brot und Wäsche bringst. Dann denkt er ja gar nicht mehr ans Heimkommen."

„Ach, das meinst du auch nicht so!", seufzte die Frau.

„Sehen Sie, Meister!", wagte sich das Bürschlein wieder vor, bis ihn der Blick des Schusters abermals verstummen ließ.

„Gibt's denn gar keinen Weg, dass er die Sachen bekommt?", fragte der Meister nach einer Pause, wobei er zornig auf einem alten Stiefel herumhämmerte.

Norbert musste mit aller Gewalt ein Lachen verbeißen, als er den jähen Kurswechsel in seines Meisters Rede vernahm. Dann aber schoss ihm ein Gedanke durch den Kopf: „Geben Sie mir das Paket, Meisterin, ich besorge es schon", sagte er dann.

„Wenn du das fertigbrächtest!", atmete Frau Breitkamp auf.

„Man könnte doch auch ein paar Zigaretten dazu tun, oder?", meinte der Schuster zögernd und kramte eine Packung unter dem Werktisch hervor.

Die Frau versprach, sie den anderen Sachen hinzuzufügen.

An diesem Abend backte die Meisterin einen Kirschpfannkuchen, von dem sie wusste, dass das eine der vielen Lieblingsspeisen des flachsköpfigen Lehrlings war.

Mutter Streler war eine wackere Frau, die bei ihrer großen Kinderschar so viel zu schaffen hatte, dass ihr nicht viel Zeit zum Grübeln blieb. Schwer genug war schon die Last, die sie durch viele Jahre getragen hatte, besonders, seitdem ihr Mann, ein tüchtiger Zimmermann, durch ein Unglück bei einem Hausbau zu Tode gestürzt war. Er hatte den gleichen geraden und unbeirrbaren Sinn wie sein ältester Sohn Franz, der überhaupt ganz und gar des Vaters Abbild war.

Als sie nun am Waschfass stand und mit fleißigen Händen in der schäumenden Lauge herumschaffte, waren ihre Gedanken dennoch ganz bei ihrem Franz. Was wohl der Vater dazu gesagt hätte? Vermutlich hätte er seinem Ältesten Recht gegeben, und in jungen Jahren hätte er es wohl gerade so gemacht. Wie oft hatte er seine Kinder ermahnt, im Leben nicht nach rechts und links zu schauen, sondern den Weg zu gehen, den Gottes Gebot und das eigene Gewissen forderten.

Mutter Streler kannte ganz genau die Stelle unter den Werkstattdielen, wo das Stück Fahnentuch eingenagelt war, aber sie wusste ebenso sicher, dass sie es nicht hergeben durfte, auch nicht, um ihren Sohn aus der Haft zu befreien. Sie hätte sich sonst gefürchtet, ihres Mannes strenge und vorwurfsvolle Augen zu sehen, der keine Unsauberkeit und keine Feigheit je in seinem Haus geduldet hatte.

So aber befahl sie, während ihre Hände sich keine Ruhe gönnten, ihren Sohn der Vorsehung Gottes und der Güte Unserer Lieben Frau.

„Mutter!“, Elisabeth, die jüngste Tochter, trippelte in die dampfende Waschküche. „Da ist Frau Holthus. Die will dich sprechen!“

„Ich komme!“, nickte die Mutter und trocknete ihre Hände ab; aber die Angemeldete, die dem Kind gefolgt war, bat sie, sie möchte sich doch nicht stören lassen, sie wolle nur ein wenig mit ihr reden.

„Setzen Sie sich!“ Frau Streler rückte einen Stuhl zurecht, machte sich dann aber unverzüglich wieder an ihre Arbeit.

„Es ist wegen der Jungen“, begann Frau Holthus eifrig. „Ich sehe es ja auch ein, dass wir die geweihte Fahne nicht herausgeben dürfen. Aber da hat mich mein Mann auf einen Gedanken gebracht, und ich wollte Sie fragen, was Sie davon halten.“

„Und das wäre?“ Die Wäscherin richtete sich auf.

„Sie wissen, dass ich ganz tüchtig bin im Nähen. Einen blauen Stoff habe ich auch, und Silberstoff gibt es zu kaufen. Nun meint mein Mann, dass ich eine neue Fahne schneidern solle. Die teilten wir dann in vier Stücke, so wie die Jungen es mit dem Banner gemacht haben, und brächten sie zur Gestapo. Dann kämen doch unsere Buben frei, und die Fahne wäre dennoch nicht ausgeliefert.“

Da ließ Frau Streler das Wäschestück, das sie in Händen hielt, in die Lauge zurücksinken und sagte: „Frau Holthus, das ist nicht sauber!“

Einen Augenblick lang meinte die Besucherin, es handelte sich um das Wäschestück. Dann aber erfuhr sie, dass ihr Plan gemeint war.

„Nein, nein! Ich sag's nochmals, das ist nicht sauber. Die Gestapo und alle Welt wird dann glauben, wir hätten das rechte Banner ausgeliefert. Nein, nein, das wird der Franz nicht wollen, und Ihr Ferdi auch nicht, so wie ich ihn kenne. Wir müssen's die Jungen schon ausfechten lassen!“

„Aber, Frau Hilbig ist doch auch einverstanden!“, stammelte Frau Holthus enttäuscht.

„Das soll sie ihre Ursula aber ja nicht wissen lassen!“, lachte die Wäscherin. „Die billigt das bestimmt nicht und ist imstande, den Schwindel aufzudecken. Übrigens täten es unsere Jungen ganz gewiss auch, sobald sie hinter das falsche Spiel kämen!“

„Aber was sollen wir denn tun?“, fragte Frau Holthus, die nun selbst an ihrem Plan irre wurde.

„Wir wollen schaffen und beten!“, erwiderte Frau Streler und griff erneut nach ihrer Wäsche. „Gott wird unsere Jungen nicht verlassen und ihre Treue belohnen! Das glaube ich ganz fest und sicher.“

„Was für ein starkes Herz Sie doch haben, Frau Streler!“, seufzte die Besucherin. „Dann will ich Sie nicht weiter aufhalten!“ Traurig wandte sie sich zum Gehen.

Frau Streler wandte sich ihr noch einmal zu. „Sie dürfen nicht glauben, es schlüge mir nicht aufs Herz, dass ich meinen Jungen im Gefängnis weiß. Aber es ist jetzt die Zeit, die höchste Opfer von uns fordert. Wenn nun unsere Jungen zu solchem Opfer bereit sind, haben wir Mütter kein Recht, es zurückzunehmen. Wir müssen halt mitleiden, so wie die Gottesmutter das Opfer von Golgatha mit ihrem Sohn erduldet hat.“

Ohne ein Wort zu erwidern, drückte Frau Holthus der Wäscherin die nassen Hände und ging aus der Tür.

Verhöre und kein Ende

„Ja, mein Lieber, Ihre Wette haben Sie verloren!“, zuckte Dr. Meier bedauernd die Schultern und schaute seinen Inspektor Schnudrig melancholisch an. „Sie versprachen, die Jungen aus Hallstadt in zwei Tagen fertig zu machen, aber total fertig, und nach zwei Wochen sind wir noch um keinen Schritt weitergekommen.“

„Das liegt nur daran, dass Sie mir ein schärferes Verhör nicht erlauben!“, knirschte der Mann mit dem Bulldoggengesicht.

„Ja, was wollen Sie denn? Ihre Methoden waren weiß Gott nicht zahm. Sie haben die Kerle hungern lassen, gaben ihnen dann nach bewährtem Rezept Salzheringe zu essen und ließen sie danach halb verdursten. Sie haben sie in Dunkelarrest gesetzt und haben sie darin spinnen lassen, dass ein anderer vor Grauen die Wände hochgegangen wäre. Und der Erfolg? Nichts zu machen! Schneid haben die Burschen, das muss man ihnen lassen.“

„Es gibt noch Mittel, die wir nicht angewandt haben!“, trotzte der Inspektor.

„Ja, Menschenskind, was erreichen Sie damit? Wenn Sie den Jungen die Knochen brechen, was dann? Glauben Sie, unserer Sache zu nützen, wenn wir die Burschen zu Märtyrern machen? Dann haben die Pfaffen doch erst recht Oberwasser. Übrigens muss die Sache bald einen Abschluss finden. In Hallstadt werden die Leute allmählich rebellisch. Hätten wir die verfluchte Fahnengeschichte doch erst gar nicht angefangen. Ich schätze, es kommt eine dicke Blamage für uns dabei heraus. Na, ich will mich selbst der Geschichte einmal annehmen. Lassen Sie mir den Schuster Toni Breitkamp vorführen!“

Wenig später stand der Gewünschte vor dem Kommissar.

„Sie können sich die Mühe sparen, Herr Kommissar“, sagte der Häftling mit trotzigem Lächeln. „Von mir bekommen Sie das Fahnenstück nicht!“

„Nun, nicht so stürmisch, mein Freund!“, sagte Dr. Meier gemütlich. „Nehmen Sie erst einmal Platz. Zigarette gefällig?“

„Wenn Sie sie mir nicht in den Mund hineinschlagen, wie Ihr Kollege das gestern getan hat“, antwortete der Schuster mit einem Seitenblick zu der Bulldogge, die wütend die Zähne fletschte.

„Nein, nein, nehmen Sie nur! Mir scheint, Sie können eine kleine Beruhigung brauchen. So, und nun hören Sie zu!“ Dr. Meier setzte sich bequem in seinem Sessel zurecht. „Warum sind Sie eigentlich so halsstarrig? Ihre Gefährten waren vernünftiger als Sie. Die haben ihre Fetzen schon herausgegeben, nur Ihr Stück fehlt noch. Nun haben wir es uns aber leider in den Kopf gesetzt, dass wir die ganze Fahne wollen, verstehen Sie? Auch Ihr Stück.“

Toni Breitkamp sprang auf, warf die brennende Zigarette wütend zu Boden und schrie: „Das ist eine ganz infame Lüge! Keiner hat die Fahne verraten. Sie wollen mich nur fangen!“

„Wenn ich es Ihnen auf Ehre versichere ...?“

Dr. Meier war gesonnen, sich nicht aus seiner Ruhe bringen zu lassen.

„Dann ist Ihre Ehre eben nichts wert. Sie lügen!“

Der Geselle, den sonst so leicht nichts erschüttern konnte, bebte vor Zorn und ballte die Fäuste, als wollte er dem Gestapomann an die Gurgel.

„Aber wenn es auch wahr wäre“, keuchte der Junge, „ich gebe die Fahne nicht heraus! Ich nicht! Ich nicht!“

„Ich will Ihnen Zeit zur Besinnung geben!“, verlor Dr.

Meier nun doch seine Ruhe. „Abführen! Soll im Bunker Kohlen schippen!"

„Da sehen Sie, wie weit Sie mit Ihren humanen Methoden kommen!", spottete der Inspektor schadenfroh. „Die Peitsche müsste man brauchen!"

„Zum Teufel, die Kerle bringen einen wirklich noch dazu!", schnaubte der Kommissar. „Führen Sie mir den Primaner Georg Hilbig vor!"

Das Gesicht des Jungen, den zwei Polizisten bald darauf hereinbrachten, war sehr schmal geworden und erdfahl. Schorsch Hilbig wankte, als er sich auf einen Wink des Kommissars auf einen Schemel niederließ. Inspektor Schnudrig hatte an ihm eine besondere Methode angewandt und ihm seit vier Tagen keine Minute Schlaf gegönnt. Mit Mühe nur vermochte der Junge sich aufrecht zu halten.

„Zigarette?", fragte Dr. Meier und bot ihm sein Etui an.

„Danke. Ich bin Nichtraucher", hauchte der Primaner, vor Schwäche seiner Stimme kaum mächtig.

„Wie Sie wollen. Aber Sie sehen recht schlecht aus. Ich möchte etwas für Sie tun. Hören Sie zu! Ihre Mutter war hier. Gott, wie die arme Frau aussah. Es ist nicht zum Ansehen, wie sie sich quält. Natürlich hat sie um Ihre Freilassung gebeten. Das tut sie nun täglich mindestens einmal. Sie könnten ihr wirklich den Kummer ersparen!"

Forschend blickte er den Gymnasiasten an, der nur ein leises Stöhnen hören ließ und dann langsam den Kopf schüttelte.

„Na, hören Sie. Ihre Mutter machte mir einen Vorschlag, mit dem ich einverstanden bin. Sie will eine Fahne schneidern, die genau so aussieht wie das Banner, das Sie uns so hartnäckig vorenthalten. Ich bin mit dem Tausch einverstanden, wenn Sie und Ihre Freunde mir ehrenwörtlich versprechen, dass Sie nachher darüber nicht reden und vor der Öffentlichkeit so tun, als hätten Sie die Fahne ausgeliefert.

Ist das ein Vorschlag?“

Schorsch Hilbig starrte den Kommissar eine Weile an, als hätte er ihn nicht verstanden. Dann aber nahm er alle Kraft zusammen und sagte leise: „Nein, ich mache das nicht mit! Niemals, nein!“

„Dunkelarrest mit Kostabzug! Abführen!“, brüllte der Kommissar zornig.

„Verflucht! Wir kriegen sie nicht klein!“, fauchte er wütend, als sich die Tür hinter dem Hinauswankenden schloss. „Ich hab' so was von Hartnäckigkeit noch nicht erlebt.“

Dr. Meier zündete sich eine neue Zigarette an, tat ein paar tiefe Züge, wandte sich, endlich wieder ruhig geworden, an den Inspektor. „Übrigens, Schnudrig, lassen Sie den Burschen von jetzt an schlafen, sonst klappt er uns ganz zusammen. Und das mit dem Kostabzug nehme ich hiermit zurück.“

„Ihre humanen Methoden“, knurrte die Dogge.

„Lassen Sie mir Franz Streler vorführen!“, befahl Dr. Meier, in den Akten herumblätternd.

Auch der junge Bildschnitzer sah erbarmungswürdig aus. Die Dogge schien ihm schwer zugesetzt zu haben. Er riss sich aber zusammen und hielt sich, wenn auch mit Mühe, aufrecht.

„Sie sind Künstler“, begann der Kommissar und spielte mit einem Brieföffner. „Ich habe mich davon überzeugt, dass Sie weit über den Durchschnitt begabt sind.“

„Haben Sie mich holen lassen, um mir das zu sagen?“ Franz zwang sich zu einem Lächeln.

„Das freilich nicht“, antwortete der Kommissar und tat einen tiefen Zug aus seiner Zigarre. „Aber wir haben hier so einige nette Maschinchen. Zum Beispiel die Buchpresse da drüben. In ganz besonders schwierigen Fällen pflegen wir schon mal einem Delinquenten, der nicht gestehen will, die Hände darin einzuspannen und sie zusammenzupressen, unter Umständen bis die Knochen zerspringen."

Franz Streler wurde aschfahl und starrte den Kommissar aus hohlen Augen an. Er bewegte die Lippen und murmelte ein paar unverständliche Worte.

„Ja, es wird gut sein, wenn Sie uns nicht zum Äußersten treiben. Ich bin ein entschiedener Feind aufregender Methoden. Aber immerhin, es könnte sein ... Überlegen Sie sich die Sache bis morgen. Abführen!"

Taumelnd schritt der Bildschnitzer der Tür zu. Beim Ausgang aber wandte er sich um und stieß, vor Aufregung keuchend, hervor: „Ich brauche keine Bedenkzeit! Wenn Sie mich schon unglücklich machen wollen, tun Sie es gleich! Aber die Fahne verrate ich nicht!"

„Abführen!", brüllte der Kommissar.

„Donnerwetter, die Kerle machen mich noch fertig", schimpfte er, als er mit dem Inspektor wieder allein war. „Öffnen Sie doch das Fenster und lassen Sie mir dann Nummer vier auch noch vorführen, den Ferdi Holthus."

Der junge Kaufmann hatte die Qual der Haft bisher verhältnismäßig gut ertragen. Straff stand er vor dem Gestapomann, der ihm gebot, sich niederzusetzen.

„Hören Sie mal", begann er. „Sie sind doch der Intelligenteste unter Ihren Freunden. Nein, wirklich, mir scheint, dass Sie über einen klaren Verstand verfügen. Meinen Sie nicht auch, dass die ganze Fahnengeschichte allmählich lächerlich zu werden beginnt?"

„Oh, für uns ist die Sache durchaus nicht zum Lachen", erwiderte Ferdi.

„Nun, sehen Sie, Sie sind der Älteste und, wie gesagt, ich halte Sie für den Intelligentesten. Nun seien Sie doch mal endlich vernünftig. Geben Sie das verdammte Fahnentuch heraus, und Sie sind frei. Ihre Gefährten brechen ohnehin bald zusammen!"

„Dann ist es um so mehr meine Sache, standhaft zu bleiben", trotzte Ferdi. „Herr Kommissar, sparen Sie sich doch die völlig vergebliche Mühe. Schicken Sie uns meinetwegen nach Dachau oder wohin Sie wollen! Die Fahne gibt keiner von uns heraus!"

„Dunkelarrest! Abführen!", würgte Dr. Meier mit Mühe heraus. Dann schloss er wütend das Aktenbündel, ging aus dem Zimmer und knallte die Tür hinter sich ins Schloss.

„Humane Methoden!", knurrte der Inspektor mit spöttischem Grinsen.

Einbruch bei der Gestapo

Norbert, der Schusterlehrling, strich um das Gestapogebäude herum und suchte verzweifelt nach einer Möglichkeit, das Paket der Meisterin an den Mann zu bringen. Immer wieder pfiff er das Geheimsignal der Hallstädter Jungen und suchte die vergitterten Fenster ab, in der Hoffnung, einen der Freunde zu entdecken.

Gab es denn gar kein Mittel, mit dem man sich den Eingang erschleichen konnte? Die ganze Nacht hatte er sich das Gehirn zermartert, ohne eine Lösung zu finden. Einmal hatte er ein Buch gelesen, das von einem Priester handelte, der sich in der französischen Revolution auf die abenteuerlichste Weise ins Gefängnis eingeschmuggelt hatte. Aber all die dort geschilderten Finten nützten hier nichts.

Sollte er auf den Frisör warten und ihn bitten, ihn als Lehrjungen mitzunehmen? Sollte er sich in einen Elektriker verwandeln, um unter dem Vorwand, die Leitung prüfen zu müssen, hineinzugelangen? Oder sollte er eine Blitzableiterreparatur vorgeben, um so an dem Gebäude hochzuklettern und in die Zellen hineinzulugen? Ach was, das war ja alles Unsinn.

„Ich gehe einfach hinein“, entschloss sich der Junge und trat, ohne länger zu zögern, in Heinrich Himmlers Hauptquartier.

„Ich komme in der Fahnensache von Hallstadt“, sagte er kühn, als er vor den Anmeldeschalter trat.

„Warte hier“, kam schnarrend die Antwort.

Das Herz schlug ihm bis zum Hals, und es war ihm gar nicht wohl zumute. Na, nur nichts anmerken lassen!

Eine Weile später führte man ihn zu Kommissar Dr. Meier. Gottlob, dass die Bulldogge nicht da war, die Norbert von verschiedenen Haussuchungen her unliebsam kennen gelernt hatte.

„Wie heißt du, und was willst du?“, forschte der Kommissar mit scharfem Blick.

Norbert nannte seinen Namen und fügte hinzu, er sei Lehrling beim Schuster Breitkamp und habe von der Meisterin an deren Sohn etwas auszurichten.

„Bringst du die Fahne?“, fragte Dr. Meier lauernd.

„Nee!“, antwortete der Junge aufrichtig. „Die Fahne bringt Ihnen niemand, der Ehre im Leib hat.“

„Hast du Ehre im Leib?“

„Eine ganze Menge“, tat der Junge groß.

„Weißt du, wo das Fahnenstück ist, das der Toni Breitkamp versteckt hält?“, fragte der Gestapomann scharf.

„Ich hab’s entdeckt“, erwiderte der Bengel. „Das Versteck ist erstklassig.“

„Und du wirst es mir zeigen?“

„Nein, das tue ich nicht!“, schüttelte Norbert den hellen Schopf.

„Und wenn ich dich einsperre, was dann?“, drohte der Kommissar.

„Dann kann ich wenigstens dem Toni vielleicht das Paket heimlich zustecken“, grinste der Junge.

„Unsere Gefangenen dürfen keine Pakete empfangen!“, sagte Dr. Meier streng. „Bist du in der HJ?“

„Ich war drin, aber man hat mich ausgeschlossen“, gestand der Junge ohne Zögern.

„Weshalb?“

„Interesselosigkeit!“

„Kerl, weißt du eigentlich, wo du bist?“, wunderte sich der Kommissar über den Freimut des Lehrlings.

„Sicher“, nickte Norbert.

„Und du hast keine Angst?“

„Oh doch, eine Menge!“

„Und du sagst einfach alles so heraus, zum Beispiel, dass du um die Fahne weißt, dass du aus der Staatsjugend herausgeflogen bist, weil du kein Interesse daran hattest. Wie ist das denn?"

„Wollen Sie denn, das ich lüge?", fragte Norbert erstaunt.

„Nein, das will ich nicht. Aber sag mal, bist du auch in dem PX-Verein?"

„PX-Verein, was ist das?", fragte Norbert scheinheilig.

„Na, du verstehst schon, was ich meine. Also bist du in der Pfarrjugend von Hallstadt?"

„Selbstverständlich, Sippe St. Ulrich!"

„Ich begreife dich nicht. So ein Kerl wie du gehört doch zu uns. Bei der HJ kannst du doch mit auf Fahrt gehen, Zeltlager mitmachen, Fußball spielen und vielleicht sogar einmal gratis nach Nürnberg zum Reichsparteitag fahren! Gefällt dir das nicht?"

„Hm! Fahrt und Lager schon! Und Fußball spielen auch!"

„Und statt dessen hockst du da in deinem PX-Verein ... Na, in deiner Pfarrjugend und plapperst dem Kaplan den Rosenkranz nach."

„Sehe ich so aus?"

„Eben nicht! Du bist zu schade für den PX ... na, schön, also für die Pfarrjugend. Was findest du denn eigentlich daran?"

„Sind pfundige Kerle drin!", versicherte Norbert begeistert. „Lässt keiner sich unterkriegen. Sie haben's ja wohl gemerkt, oder?"

„Hm!", machte der Kommissar und ließ eine Briefwaage auf- und niederwippen.

„Und seitdem die Geschichte mit der Fahne läuft, hat die Sache erst den richtigen Schwung gekriegt. Da sind auch die Lauesten heiß geworden und die Verschlafensten wach! Es ist eine Freude, dabei zu sein", sprühte der Junge.

Dr. Meier knurrte ein paar Worte, die Norbert nicht verstand. „Ich sollte dich einsperren“, brummte er dann.

„Das würde einen schönen Aufruhr in Hallstadt geben“, versicherte Norbert.

„Na, damit werden wir ja auch eines Tages fertig werden“, sagte der Kommissar ohne große Überzeugung. „Aber nun nimm die Hinterbeine nach vorne und schau dir unser Haus von draußen an.“

„Und das Paket?“, fragte der Junge mit einem Blick auf sein Päckchen.

„Das nimmst du wieder mit!“

„So eine Pleite“, verstand Dr. Meier noch soeben, als der Bengel die Tür hinter sich schloss.

Nun stand Norbert wieder vor den ernsten Mauern der Zwingburg und dachte darüber nach, was die Meisterin wohl für ein Gesicht machen würde, wenn er das Paket wieder mitbrächte. Dabei hatte sie ihm doch einen Kirschpfannkuchen als Vorschuss gebacken! So ein Pech!

Er versuchte es noch einmal mit dem Pfeifen. Laut schmetterte er zu wiederholten Malen das Geheimsignal, lauschte dann mit allen Sinnen auf ein Echo.

Und dann, ja dann war es ihm, als hörte er den gleichen Pfiff irgendwoher. Da schon wieder und noch einmal! Aber woher gleich? Konnte ebenso gut vom Dach herkommen wie aus dem Keller. Nein, nein, aus dem Keller kam das Signal. Norbert hörte es jetzt ganz genau.

Aufgeregt spähte er durch ein paar der vergitterten Fenster, konnte aber in der dunklen Tiefe nichts entdecken. Bei einem der Fenster aber war ein Loch in der Scheibe, nicht groß, aber ausreichend, so dass man besser hinabschauen konnte als durch die verschmutzten Gläser. Ja, und dann sah Norbert den Toni, der an einem mächtigen Kohlenhaufen herumschaufelte. Zuerst hatte der Lehrjunge ihn kaum erkannt, so schwarz war der Geselle von Kohlenstaub.

„Mensch, Norbert, bist du’s wirklich?“, stammelte Toni

und kletterte auf einen beim Fenster aufgestapelten Kohlenhaufen.

„Klar doch. Ich bin doch kein Gespenst. Aber ich hab' ein Paket für dich! Kann man das Fenster nicht aufmachen? Ich zwänge es dann durch die Gitterstäbe."

„Geht leider nicht. Übrigens kann jeden Augenblick ein Polizist hereinkommen. Aber hör, du musst mir eine Frage beantworten! Sind die drei anderen schon zu Hause, der Ferdi, der Franz und der Schorsch?"

„Aber woher denn, die brummen doch auch noch hier bei der Gestapo!"

„Und– und", würgte Toni hervor, „sag mir auf deinen Eid, ist irgendwo ein Stück vom Fahnentuch hergegeben worden?"

„Unsinn! Ganz bestimmt nicht! Sonst würden sie nicht alle paar Tage eine neue Haussuchung halten!"

„Ich hab's ja gewusst", stammelte der Geselle glücklich. „Es war eine Falle! Na, mach's gut, Norbert! Ich muss arbeiten. Jeden Augenblick kann einer der Wärter hereinkommen."

„Und das Paket?" Norbert hob seinen Packen hoch.

„Geht nicht, geht wirklich nicht", schüttelte Toni den Kopf und begann mit einer Begeisterung Kohlen zu schaufeln, als wäre das seine allerliebste Beschäftigung.

Betrübt trollte sich Norbert von dannen. Plötzlich schreckte ihn ein scharfes Autosignal aus seinen Gedanken. Ums Haar wäre er unter die Räder eines großen Lastautos geraten, das auf das Gestapogebäude zustrebte.

Der Fahrer schimpfte mordsmäßig auf den unvorsichtigen Jungen ein. Der aber schien gar nicht recht zuzuhören. Er starrte nur immer auf die Kohlen, mit denen Auto und Anhänger voll beladen waren.

„Sind die für die Gestapo?", stieß er schließlich hervor, als der Fahrer seine Schimpfkanonade beendet hatte.

„Jawohl, wir laden hier ab", antwortete der Mann. „Aber was geht dich das an? Willst du uns vielleicht beim Reinschaufeln helfen?"

„Warum nicht?", tat Norbert gleichgültig. „Ich mach' mir nichts draus."

„Na, uns kann's recht sein", grinste der Mann und deutete seinem Mitfahrer durch eine Geste an, dass er den Jungen nicht für ganz normal halte. So was war ihm bis jetzt noch nie vorgekommen.

Norbert aber griff eifrig nach einer Schaufel und richtete es so ein, dass er ganz nahe bei dem inzwischen geöffneten Kohlenschacht seinen Platz erhielt. Das Paket hatte er sich unter die Jacke gesteckt. Plötzlich stieß er einen Schrei aus, und ehe die Männer sich versahen, war ihr kleiner Helfer mit den herabgleitenden Kohlen in die schwarze Tiefe gerutscht.

„Nee, so was Dämliches hab' ich doch mein Lebtag noch nicht gesehen!", lachte der Fahrer. „Erst rennt mir der Bengel beinahe unter die Räder, dann hilft er Kohlen schaufeln, und jetzt purzelt das Stück Malheur in den Keller. Nee, so was! Das soll man doch nicht für möglich halten!"

Toni, der gerade dabei war, die eingeworfenen Kohlen von der Luke fortzuschaufeln, machte ein dummes Gesicht, als der Lehrling auf einmal durch den Schacht kam wie der Teufel durch den Kamin.

Norbert aber hatte im Fallen schon seine Jacke geöffnet, und wie er sich wieder aufrichtete, steckte das Paket schon wohlverborgen zwischen den Kohlen. Ein Augenzwinkern des Gesellen sagte ihm, dass der es bemerkt hatte und sicher Gelegenheit finden würde, es an sich zu bringen.

„Was ist denn hier los!", knurrte ein Aufseher, der aus dem Hintergrund des Kellers hervorkam, eine brennende Zigarette zwischen den Fingern.

„Ich bin runtergerutscht", stotterte Norbert, scheinbar höchst erschrocken.

„Das habe ich gesehen", lachte der Polizist. „Na, nun klettere nur wieder hoch."

Von unten geschoben, von oben gezogen, kroch Norbert den Schacht wieder hoch.

„Zu dumm, was ich heute für ein Pech habe", jammerte er, als er, Kleider, Gesicht und Hände von Kohlenstaub geschwärzt, oben stand.

„Pech nennst du das?", grinste der Fahrer. „Einen Klaps hast du. Dass so etwas wie du ohne Maulkorb herumlaufen darf! Na, weine man nicht und geh nur zur Mutti!"

Mit recht bekümmertem Gesicht schlich sich der Junge von dannen. Als er aber um die nächste Straßenecke bog, stieß er einen so lauten Jauchzer aus, dass die Straßenpassanten sich ganz erschrocken nach dem kleinen Mann mit dem schwarzen Gesicht umschauten und sicherlich die wenig achtungsvolle Meinung des Autofahrers teilten.

In den nächsten Tagen meldete sich Toni immer wieder freiwillig zum Kohlenschaufeln, so dass sich die Aufseher über seine seltsame Arbeitswut wunderten. Es kam dann aber immer wieder vor, dass Norbert, Seppel, Klaus oder sonst ein Junge aus St. Ulrichs oder des wackeren Sturmi Horde da zufällig vorüberging, und irgend etwas flog dann durch das Fensterloch, das zum Glück noch nicht geflickt worden war. Ein paar Zigaretten waren es meist, ein Stück Schokolade, manchmal sogar ein Stück nahrhafter Dauerwurst. Und stets war ein Brieflein dabei, das über alles daheim genaue Auskunft gab, frischen Mut zusprach und vor allem die immer neuen Tricks des erfinderischen Dr. Meier wirkungslos machte. Toni Breitkamp konnte er durch keinen Bluff mehr irre machen. Der wusste durch den ständigen Briefwechsel mit den Jungen von Hallstadt Bescheid über das, was gespielt wurde.

Auf dem gleichen Weg nämlich, mit der die Post zugestellt wurde, wurde sie auch abgeholt; für Schreibmaterial war ja auch längst schon gesorgt worden, und als bald darauf auch Brieflein von Ferdi, Schorsch und Franz an die Oberwelt kamen, erfuhr man mit großer Freude, dass Toni auch mit seinen Gefährten Verbindung hatte aufnehmen können.

Schließlich war das keine Zauberei; denn Toni hatte ja jetzt Zigaretten, und das Gehalt der Aufseher war nur gering. Die verdienten sich ganz gern hier und da einen Glimmstengel umsonst.

Die Kaplanstube im Hallstädter Pfarrhaus war das Hauptquartier, wo die Jungen fast allabendlich zusammenkamen, um irgendeine neue Möglichkeit auszuhecken, mit der man den Verhafteten zu Hilfe kommen oder der Gestapo einen Streich spielen konnte.

Für die Gestapoleute kamen wirklich bittere Zeiten. Dass Inspektor Schnudrig, die Bulldogge, eines Abends, als er vom Dämmerschoppen nach Hause wankte, durch den tückischerweise geöffneten Kohlenschacht in einen Keller rutschte und dort unten seinen Rausch ausschlafen musste, weil doch die Kellertür von außen verriegelt war und auch der Schachtdeckel sich merkwürdigerweise gleich hinter ihm wieder schloss, war sehr unangenehm und auch etwas mehr als ein Zufall. Der schimmelblonde Norbert, den das eigene Abenteuer im Gestapokeller auf die Idee gebracht hatte, meinte, es sei ganz gut, wenn die Bulldogge sich rechtzeitig an die zukünftige Höllenfahrt gewöhne.

Im Küchenherd von Dr. Meier gab es eines Tages eine Explosion, die das Ofenrohr aus der Wand schleuderte und alles, was Herr Meier essen wollte, mit einer dicken Rußschicht uberzog. Und das geschah ausgerechnet, nachdem ein kleiner Kaminfegerlehrling den Schornstein gereinigt hatte.

Freilich waren das Scherze, von denen Kaplan Hirt nichts erfahren durfte. Er hatte nämlich einen etwas seltsamen

Begriff von Feindesliebe, der in einigen Punkten von der Auffassung der Jungen abwich.

Christus im Kohlenbunker

Der Juli ging seinem Ende zu, ohne dass die Gestapo in der Fahnengeschichte weiterkam. Dafür aber wurde das Gespenst eines neuen Krieges immer drohender sichtbar. Kommissar Dr. Meier hatte einen schweren Anpfiff vom Chef bekommen, weil das Hallstädter Banner immer noch nicht herbeigeschafft worden war. Inspektor Schnudrig erhielt für seine Methoden freie Hand, aber seine Quälereien hatten ebensowenig Erfolg wie die seelischen Martern des Herrn Dr. Meier.

Ganz unglücklich fühlte sich der Pfarrer von Hallstadt. Er konnte es nicht verwinden, dass man ihn entlassen und dafür die vier Jungen eingesperrt hatte. Täglich rief er bei der Gestapo an und sparte nicht mit absolut eindeutigen Ausdrücken, aber die Langmut am anderen Ende des Drahtes schien keine Grenzen zu haben. Man hörte den Herrn Pfarrer an und hängte ein. Wenn es der Gestapo so gefiel, war sie auf beiden Ohren taub.

Der Pfarrer aber wurde krank vor Ärger. Nicht einmal die Pfeife wollte ihm mehr schmecken. Dem entlassenen Jungführer ging es nicht viel besser.

In den ersten Augusttagen erhielt der Kaplan einen Brief, der dieses Mal nicht durch das Loch im Kellerfenster herausgeschmuggelt, sondern dem Priester von unbekannter Hand in den Briefkasten geworfen worden war. Schorsch Hilbig hatte ihn geschrieben. Erschüttert las Johannes Hirt:

Wir spüren es, dass für uns die letzten entscheidenden Tage gekommen sind. Man will von uns nun mit allen nur denkbaren Mitteln ein Geständnis erpressen, und ich gestehe, dass man vor körperlichen Misshandlungen nicht zurückgeschreckt ist. Da wir nun aber gerade jetzt die Gnade der heiligen Sakramente so schmerzlich entbehren, haben wir nach einem Weg gesucht, ihrer dennoch teilhaftig zu werden.

Ein katholischer Aufseher, der uns gewogen ist, will uns behilflich sein. Morgen, am Fest der Verklärung Christi, werden wir alle durch diesen Aufseher in den Kohlenkeller geschafft werden. Der Polizist wird den Kohlenschacht dann insgeheim öffnen. Wir bitten Sie, lieber Herr Kaplan, uns von oben die Lossprechung zu geben. Alsdann könnte einer der Jungen herabsteigen und uns den Leib des Herrn reichen. Jeder von uns hat auf gesondertem Zettel seine Beichte aufgeschrieben, die Ihnen mit diesem Brief zugeht.

Wir erwarten Sie morgen um zehn Uhr vormittags.

Gebe Gott ein gutes Gelingen.

Ihr dankbarer Georg Hilbig

Immer wieder las der Priester aufs tiefste bewegt das Schreiben des tapferen Primaners. Was dieser erbat, war wohl kaum geschehen seit den Tagen der Urkirche. Es war ein hohes Wagnis, das auf sich zu nehmen er sich dennoch nicht weigern durfte. Johannes Hirt las dann das Bekenntnis der vier Gefangenen, verbrannte hierauf die Zettel in der Flamme einer Kerze. Dann machte er sich auf den Weg in die Schusterwerkstatt des Meisters Breitkamp. Am anderen Tag schritt er, von Norbert, dem Lehrling, begleitet, schweigend zur Gestapozwingburg.

„Es ist der Dienst des heiligen Tarzisius, den deine Freunde von dir erbitten", hatte der Priester gesagt, bevor er Norbert die silberne Krankenpatene mit den vier heiligen Hostien überreichte. Nun trug der Junge seinen Heiland durch die große Stadt, als wäre er nicht ein kleiner Schusterlehrling, sondern ein Priester, dessen Hände der Bischof mit heiligem Öl gesalbt hat.

Eine tiefe Freude durchglühte die Seele des Jungen. In

dieser Stunde schenkte er sein ganzes Leben dem Herrn, den er trug.

Es geschah alles so, wie es im Brief verabredet war. Die Kohlenluke war offen. Der Priester sprach an ihrem Rand die Worte der Lossprechung. Dann stieg der kleine Norbert auf einer Leiter in die Tiefe. Beim Kohlenhaufen knieten die vier Freunde nebeneinander, während der Aufseher bei der Türe Wache hielt. Verlangend schauten ihre bleichen Gesichter auf die Patene, die der Junge hervorholte. Seine Hände zitterten so sehr, dass er sie kaum zu öffnen vermochte. Dann nahm er eine der heiligen Gestalten in seine armen, oft so schmutzigen Jungenhände, hob sie empor und sprach das Wort, das er als Ministrant unzählige Male am Altar gehört hatte: „*Ecce agnus Dei*! — Seht das Lamm Gottes, das hinwegnimmt die Sünden der Welt!"

Vor heiliger Furcht bis ins Innerste erschauernd, reichte er dann den vier Gotteszeugen das kostbarste Gut.

Als er dem Priester die silberne Patene wieder aushändigte, sagte er: „Ich glaube nicht, dass ich schon einmal so froh in meinem ganzen Leben war. Jetzt begreife ich auch, dass Tarzisius sich für den Herrn totschlagen lassen konnte."

Nie hatten die vier jungen Männer eine so beseligende Christusbegegnung erlebt wie im Kohlenbunker der Gestapo.

Von Toni Breitkamp hätte man beim besten Willen kaum sagen können, er sei vorher das gewesen, was man gemeinhin einen „frommen Jungen" nennt. Schlecht war er nie, gewiss nicht. Aber er war aus derbem Holz geschnitzt. Fluchen konnte er zuweilen wie ein Fuhrkutscher. In dieser Hinsicht verfügte er sogar über einen ziemlich umfangreichen Wortschatz, wenn er sich auch sonst durchaus nicht durch besondere Beredsamkeit auszeichnete.

Am Tisch des Herrn hatte er sich bei der gemeinsamen

Jugendkommunion ziemlich regelmäßig eingefunden und manchmal auch bei einer der wöchentlichen Jugendmessen. Er tat es aus gutem, ehrlichem Herzen, aber zumeist doch ein wenig gewohnheitsmäßig.

Nun aber, da der Herr zu ihm in die Verlorenheit seines Kerkers gekommen war, spürte er, dass in sein Leben eine Kraft strömte, die nicht von dieser Welt war. Und mit der Kraft kam eine Freude, vor der alles Leid verschwand wie Schatten vor aufgehendem Licht. Ein andrer würde er sein, wenn er dieses Gefängnis verließ, bis ins Innerste von jener Welt erfasst, die sich ihm in den engen Kerkermauern erschlossen hatte, zu jedem Opfer für Christus bereit. Toni Breitkamp hatte es erfahren, wie überreich Gott seine Getreuen belohnt.

Indes saß Franz Streler in seiner Zelle, das Gesicht in den Händen verborgen. Der Kerker mit der Qual der Tage und der Einsamkeit endloser Nächte hatte auch den jungen Künstler seltsam gewandelt. Gott hatte mit dem Meißel der Schmerzen sein Herz berührt und es nach seinem Willen geformt. Reifer hatten ihn die wenigen Wochen der Haft gemacht, als es sonst viele Jahre vermocht hätten. Eine Tiefe war in ihm aufgebrochen, die auch sein künstlerisches Schaffen völlig umgestalten würde. In dieser Stunde gelobte Franz Streler, in Zukunft nur noch dem Heiligen in seiner Kunst zu dienen und in ihr nichts zu suchen als nur die Verherrlichung und Ehre Gottes.

Auch Ferdi Holthus hielt in seiner Zelle eine Stunde stiller Besinnung. Durch das kleine Gitterfenster stahl sich ein Schein des leuchtenden Sommertages. Wie oft war er in früheren Jahren mit guten Gefährten um diese Zeit durchs weite deutsche Land gezogen, fröhlichen Herzens und mit leichtem Gepäck. Da glühten wieder die Berge im Licht des sinkenden Tages, da brannten wieder die weißen Firne, da schäumte das Meer, da rauschten die tiefen Wälder, da strahlte der See zwischen Kiefern und brennendem Heideland. Nun steckte er in den herrlichen Sommerwochen zwischen den engen Mauern einer Gestapozelle und wartete auf neue Verhöre, auf neue körperliche und seelische Qual. Dennoch glaubte Ferdi, nie etwas so Hohes und Gewaltiges erlebt zu haben wie gerade diese leidvollen Wochen; und die Stunde, da der Herr im Kohlenbunker zu ihm gekommen war, ließ ihn innewerden, dass er seinen Gott und sich selbst noch nie so unverlierbar besessen hatte wie jetzt. Er wusste, dass Gott ihn ins Leid geschickt hatte, weil er ihn liebte. Und Ferdi Holthus faltete die Hände und dankte.

Schorsch Hilbig erlebte eine Stunde ganz besonderer Gnade. Oft hatte er früher über sein Leben nachgedacht und über das, was einst aus ihm werden sollte. Manchmal war es ihm dann gewesen, als hörte er einen fernen Ruf, den er doch kaum zu deuten wagte. Nun aber, in dieser Stunde stillen Zwiegespräches mit seinem Herrn, schwanden alle Bedenken und Zweifel wie Nebel vor der aufgehenden Sonne. Die Hand Gottes hatte nach ihm gegriffen und würde ihn nie, nie mehr loslassen. In seinem Dienst musste sein künftiges Leben stehen, ihm würde jede Faser seines Herzens und jedes geheime Sehnen seiner Seele gehören. Gott rief ihn in sein heiliges Gezelt. Schorsch Hilbig wusste, dass er Priester werden müsse, wenn Gott ihm das Leben ließ. Und auch er brach in die Knie und dankte.

Die Gestapo hat Sorgen

Immer dunkler wurde der Horizont im Osten. Immer höher türmten sich die Wolken, die das Gewitter eines neuen Krieges verkündeten. Nie zuvor hatten die Fanfaren und Trommeln so mächtig geklungen. Dennoch blieb die „zornige Begeisterung", die man doch so gern im Volk gesehen hätte, fast völlig aus.

Man ließ sich im Allgemeinen durch die Ereignisse treiben, nahm sie in dem dumpfen Bewusstsein hin, dass man daran ebenso wenig etwas ändern konnte wie an einem wirklichen Gewitter. Man machte, mit einiger Beklemmung an den Ernstfall denkend, Verdunkelungs- und Luftschutzübungen mit, spendete so viel für Winterhilfe und Eintopf, wie man glaubte tun zu müssen, um die Gunst des sammelnden Zellenleiters nicht zu verscherzen. So sehr sich der Reichspropagandachef auch mühte, so viel er in seiner Küche auch rührte und schürte, die Volksseele war wirklich nicht zum Kochen zu bringen. Die so ersehnte Kriegsbegeisterung war nicht zu erzielen.

In Hallstadt allerdings wurde die Stimmung immer bedrohlicher. Die Funktionäre, die mit den Sammelbüchsen und Spendenlisten von Haus zu Haus zogen, sahen viele unfreundliche Gesichter und mussten manch bitteres Wort einstecken. Dafür tröpfelten die Opfer um so spärlicher, und in vielen Häusern blieben sie völlig aus.

„Schickt erst die vier Jungen wieder zurück, die ihr wie Mörder und Räuber eingesperrt habt!", knurrte man allenthalben, „dann wollen wir weitersehen."

Nein, es war wirklich nicht angenehm, als Partei- oder NSV*-Kollektant in Hallstadt herumzuziehen.

Auch bei der Gestapozentrale hatte man seine Sorgen.

Man hatte Anweisung, alles zu vermeiden, was der Stimmung schaden könnte, und die Fahnengeschichte trug wirklich nicht zur Volkstümlichkeit der Partei und ihrer Organe bei. So geschah es denn, dass Kommissar Dr. Meier die vier jungen Männer zum letzten Mal vorführen ließ.

„Wir wollen der Sache ein Ende machen", sagte er, seine gewohnte, verbindliche Art wiederfindend. „Wir haben im Augenblick andere Sorgen, als den Fetzen nachzuspüren, die Sie so hartnäckig herauszugeben sich weigern. Sie haben sich, wie ich gerne anerkenne, für diese Angelegenheit mit einem Mut und einer Ausdauer eingesetzt, die freilich einer besseren Sache wert gewesen wäre."

„Ja, Herr Kommissar, diesmal sind Sie eben an die Verkehrten geraten!", konnte Toni Breitkamp zu bemerken sich nicht versagen.

„Nun ja", räusperte sich der Kommissar. „Wir wollen die Sache kurz machen. Deutschland steht, wenn nicht alle Anzeichen trügen, vor einem Krieg, von dem vielleicht unsere ganze Zukunft abhängt. Wahrscheinlich werden Sie alle Soldat werden müssen. Kämpfen Sie dann für die Fahne des Großdeutschen Reiches mit demselben Einsatz, mit dem Sie für Ihr Christusbanner gekämpft haben! Damit sind Sie entlassen. Sie können nach Hause gehen!"

Die vier Freunde wussten kaum, wie ihnen geschah, als sie kurze Zeit später auf der Straße standen. Sie konnten es kaum fassen, dass die Marter so vieler Tage nun ein Ende haben sollte, dass sie heimkehren durften zu Eltern und Geschwistern, dass sie, die vier Jungen aus Hallstadt, die allgewaltige Gestapo bezwungen hatten.

„Wir haben es also doch geschafft!", sagte Ferdi mit bebender Stimme.

„Ja, wir haben es geschafft", nickten die anderen.

* NSV = Nationalsozialistische Volkswohlfahrt

Schweigend machten sie sich dann auf den Heimweg. Es gab ja keine Worte, das auszusprechen, was ihnen allen so froh und hell in der Seele stand.

Als sie in Hallstadt ankamen, gingen sie, ohne das vorher irgendwie vereinbart zu haben, in ihre Pfarrkirche und knieten nieder im Schein des ewigen Lichtes. Indes verbreitete sich im ganzen Ort die Nachricht von der Rückkehr der vier Fahnenhüter, die irgend jemand in die Kirche hatte eintreten sehen.

Während noch die Jungen dem Herrn im Tabernakel ihren Dank sagten, begannen auf einmal die Glocken zu läuten. Norbert, Klaus und Seppel rissen an den Seilen, als müssten die ehernen Rufer im Turm zerspringen. Von allen Seiten her drängte man auf den Kirchplatz, strömte ins Gotteshaus. Eilig hastete der Küster auf die Orgeltribüne, und dann ertönte mit aller Register Macht das Jubellied, in das tausend Stimmen voll Dank und Freude einfielen:

„Großer Gott, wir loben Dich!"

Die junge Kirche hatte dieses Lied vor mehr als anderthalbtausend Jahren gesungen, als sie aus dem Dunkel der Katakomben ans Licht stieg. Die gleiche Stunde war wieder da; jungen Gotteszeugen hatte sich nach herrlichem Sieg das Tor zur Freiheit aufgetan.

Als die vier Freunde, von dem Geschehen noch ganz verwirrt und doch voller Freude, das Gotteshaus verließen, mussten sie vielhundert Hände drücken, die sich ihnen allenthalben entgegenstreckten. Der alte Pfarrer drängte sich vor, er wollte etwas sagen, aber die Stimme gehorchte ihm nicht.

„Ich bin stolz auf euch!", grüßte der Kaplan und drückte immer wieder die jungen Hände.

Im Triumphzug geleitete man sie heim, wo man sie dann freilich verließ, wollte doch niemand die Freude des Wiedersehens stören.

„Ja, Sie können wirklich stolz sein auf Ihre Jungen!“, sagte der Pfarrer, als er mit Kaplan Hirt heimkehrte. „Ihre Theorie von der ‚Mündigkeit‘ Ihrer ‚Kerle‘ scheint doch etwas für sich zu haben. Wäre ich dreißig Jahre jünger, würde ich sie vielleicht auch noch erlernen. Aber so bin ich zu alt dazu. Ich geb's auf! Machen Sie es in Zukunft genau so, wie Sie es für richtig halten!“

Der Kaplan gab keine Antwort. Wortlos drückte er seinem Pfarrer die Hand.

Und immer noch sangen die Glocken vom Turm.

Feuersbrand und Sensenschlag

Und das dunkel Geschehen begann. Deutsche Divisionen marschierten nach Osten, stürmten durch fremdes Land mit einer Schnelligkeit, die ein baldiges Ende des Krieges vermuten ließ.

Die vier Freunde wurden der Reihe nach eingezogen, Ferdi und Schorsch als Landser*, Toni als Matrose und Franz als Pionier. Daheim beteten die Mütter, durch jeden Tag des Schweigens erschreckt, immer aber voll Freude und Dank, wenn gute Nachricht kam.

Der Tod schickte seine Briefe in die Heimat. Immer länger wurde die Liste der Gefallenen beim Kriegeraltar.

Eines Tages sprach der Schuster Breitkamp im Pfarrhaus vor. Im Arbeitszimmer des Kaplans ließ er sich schwer auf einen Sitz nieder und starrte dumpf vor sich hin.

„Was ist?", fragte der junge Priester erschrocken.

Der Meister sah auf, als müsse er sich erst darauf besinnen, wo er wäre. Dann strich er sich über die Stirn und sagte tonlos: „Ja, ich wollte Ihnen nur sagen, mein Toni kommt nicht mehr heim. Er ist mit der ‚Bismarck' untergegangen."

Der Kaplan saß wie erstarrt; er vermochte kein Wort zu sagen.

„Ja, so ist das", hörte er den Schuster sagen. „Hab' mal gedacht, ich könnte ihm die Werkstatt und ein gutes Geschäft hinterlassen. Nun ist er tot, und ich lebe noch! Übrigens wollte ich Sie bitten, ein Gebetsbildchen zu schreiben. Sie haben ihn ja gekannt, wie gut er war und wie treu."

„Treu bis in den Tod", nickte der Kaplan. „Er ist bei Gott."

* einfacher Soldat des Heeres, Infanterist

„Das denke ich auch", sann der Meister. „Und das Fahnenstück, das ist bei mir in Verwahr, und den möchte ich sehen, der es mir nimmt! War wohl meines Jungen kostbarstes Gut auf Erden. Nun, so will ich denn gehen." Und müden Schrittes verließ er das Pfarrhaus.

Des Krieges schwere, wechselvolle Jahre gingen dahin. Tod und Vernichtung warfen ihre Flammen nun auch in die Heimat. Schorschs Elternhaus brannte in einer Nacht bis auf den Grund. Beim Schuster Breitkamp fand Familie Hilbig die erste Zuflucht. Die Mutter trug den schweren Verlust mit ziemlicher Gelassenheit.

„Wenn nur dem Schorsch nichts passiert", sagte sie immer wieder mit großer Inbrunst.

Ursula aber versicherte dem Kaplan, das Fahnenstück sei gerettet. Sie habe es stets in ihrem Luftschutzgepäck gehabt.

Bald danach wurde Kaplan Hirt als Sanitäter eingezogen. Herzlich empfahl er seinem Vertreter, der wegen seiner schwachen Gesundheit nicht Soldat wurde, seine Jungen. „Auf den Norbert kannst du dich verlassen", sagte er. „Er führt ja jetzt die ganze Schar. Er hat ein starkes und treues Herz. Und dann, halte mir die junge Herde zusammen. Sie ist all deiner Hirtensorge wert."

Abermals kam für Hallstadt eine Nacht des Schreckens. Der halbe Ort ging in Flammen auf. Auch der Dachstuhl der Kirche brannte lichterloh. Noch während die Bomben fielen, suchte man das Feuer zu löschen. Wer nicht mit der Rettung der eigenen Heimstatt zu tun hatte oder einem Nachbarn Hilfe leistete, kämpfte mit um das Gotteshaus. Selbst der alte Pfarrer stand in der Eimerkette. Oben im Gebälk hockte Norbert mit seinen Jungen. Im Feuersturm und sprühenden Funkenregen schwang er mit mächtigen Streichen die Axt, um brennende Balken und Sparren abzuschlagen. Als der Morgen aufging, war man des Brandes Herr geworden. In der Krankenhauskapelle feierte der Pfarrer das heilige Opfer für die Toten dieser Nacht.

Und immer wieder holte der Tod zum Sensenschlag aus und hielt seine grausige Ernte.

In einer Waldlichtung irgendwo auf russischer Erde standen deutsche Soldaten um einen aus rohen Birkenästen gefügten Altar und feierten mit ihrem Divisionspfarrer das heilige Opfer. Die Wandlung war vorüber, und soeben kündete das Altarglöckchen die Kommunion des Priesters an. Als aber der Geistliche sich anschickte, nun auch seinen Landsern das Brot der Starken zu reichen, ratterte ein Flugzeug über die Wipfel und warf seine Todeslast ab, die heulend ins dunkle Gehölz niederging.

Dann ein Krachen und ein Bersten, aufstiebende Erde, stürzende Bäume, Feuer und Flammen, zischende Stahlsplitter, ein Schrei! Als die Landser, die sich beim ersten Motorengeräusch niedergeworfen hatten, sich wieder aufrichteten, sahen sie ihren Pfarrer in den Armen des Ministranten.

„Was ist Schorsch?“, drängten sie sich fragend herzu.

„Tot!“, stieß Georg Hilbig tonlos hervor und deutete auf des Priesters zerrissene Schläfe.

Erschüttert betteten die Landser ihren Priester neben den Altar. Der Ministrant aber erhob wenig später mit bebenden Händen den Kelch mit dem kostbaren Gut und reichte den Kameraden die göttliche Speise. Als Letzter empfing er selbst das wunderbare Sakrament.

Ein paar Stunden danach bettete man den Divisionspfarrer in die fremde Erde. Am Abend schrieb Georg Hilbig im letzten Schein des Tages einen Brief nach Hause:

Trotz aller Trauer, die ich über den Tod unseres lieben Divisionspfarrers empfinde, trage ich dennoch eine tiefe Freude in meiner Seele.

So schloss er das Schreiben, in dem er zu Eingang das Geschehene schilderte.

Ihr wisst, dass ich seit den Tagen im Gestapogefängnis keine größere Sehnsucht kenne als die, Priester zu werden. In weite Ferne hat der Krieg dieses Ziel gerückt. Heute aber habe ich einen priesterlichen Dienst tun dürfen. Der Herr selbst ließ sich von meinen armen Händen tragen, ich durfte den Kameraden das kostbarste Sakrament spenden. So bin ich wirklich zu dem geworden, was ich so innig begehrte, zu einem Christophorus, einem Gottesträger in diesem von den Schatten des Todes umdunkelten Leben. Ich glaube, niemals eine so tiefe, alles verklärende Freude empfunden zu haben, wie heute, da der Herr selbst in meinen Händen ruhte. Wenn Er mich ruft, heute, noch an diesem Tage, werde ich fröhlich zu ihm gehen. Doch es geschehe Sein Wille!

Sollte ich sterben, so hütet die Fahne! Nichts an irdischem Besitz ist mir so teuer! Das letzte Abendrot bricht durch die Bäume. Bald wird die Nacht niedersinken, und der Himmel wird voller Sterne stehn.

Euch alle befehle ich der Liebe Gottes! Gute Nacht!

Euer Sohn und Bruder...

Während Schorsch Hilbig zur Unterschrift ansetzte, verdunkelte ein Schatten den im Abendrot brennenden Himmel. Abermals griff der Tod nach der zitternden Erde.

Als das Gedröhn der berstenden Bomben verhallte, fanden die Landser ihren Kameraden Schorsch tot über seinem Brief. Die rechte Hand hielt noch den Stift, mit dem er seinen Namen schreiben wollte. Nun hatte er statt dessen mit seinem Herzblut den Brief gesiegelt.

Immer wieder musste Ursula Hilbig das letzte Schreiben ihres Bruders, das zugleich mit der Todesnachricht eintraf, vorlesen, nachdem der erste, das ganze Herz zermalmende Schmerz sich gelöst hatte.

„Ich bin so stolz auf den Schorsch", sagte das Mädchen genau wie vor Jahren, als man den Bruder um seiner Treue willen ins Gefängnis gebracht hatte. „Er ist doch so glücklich gestorben. Hat doch keinen Augenblick mehr leiden müssen und trug noch vom Morgen her den Heiland im Herzen. Und so froh, hat er doch geschrieben, so froh, wie niemals zuvor."

„Ja, so froh", nickte die Mutter. „Aber ich weiß halt nicht, wie ich es tragen soll."

„Ich will dir heute etwas zeigen, Mutter", entschloss sich Ursula.

Dann nahm sie ein Buch vom Tisch, das in einer selbstgefertigten Hülle steckte. Mit einer Schere trennte sie den Stoff auf und zog dann mit ehrfürchtigen Händen ein Stück blauen Tuches hervor, auf dem ein silberner Streifen schimmerte.

„Die Fahne!", stammelte die Mutter und griff zitternd nach dem so lange verborgenen Heiligtum. „Die Fahne! Meines Jungen Fahnenstück!" Zitternd strich sie über das Linnen, behutsam als könnte sie es irgendwie beschädigen, und stammelte immer wieder mit zuckenden Lippen: „Die Fahne, das Fahnenstück von unserem Schorsch."

„Willst du es jetzt auch noch ausliefern?", lächelte Ursula unter Tränen.

„Aber was denkst du, Kind?", antwortete die Mutter, ohne die Hand vom heiligen Tuch zu lösen. „Das ist doch sein teuerstes irdisches Gut, das hat er doch selbst geschrieben. Und ich soll es hergeben? Nein!"

„Ja, nun wollen wir die Fahne hüten!", nickte Ursula mit festem Blick vor sich hinschauend.

Die Mutter nickte still und streichelte immer noch das leuchtende Tuch.

Der Krieg nahm sein bitteres Ende. Die letzten Kämpfe rollten über die unglückliche Heimat hinweg. In Hallstadt rissen Bomben und Artilleriegeschosse noch einmal schwere Wunden in die Mauern des Gotteshauses. Es kamen die letzten Tage des Schreckens. Dann raste das Unheil über die Stadt hinaus, und es kam die große Stille.

Wie überall wartete man in Hallstadt sehnsüchtig auf Kunde von den Soldaten, über deren Geschick man seit Monaten nichts mehr erfahren hatte. Hie und da kehrten die ersten aus der Gefangenschaft Entlassenen heim. Sie brachten Nachrichten von Kameraden, die mit ihnen das gleiche Los geteilt hatten, oft aber auch nur ihre letzten Grüße, die sie zögernd überbrachten, so, als schämten sie sich, noch zu leben, wo doch der Kamerad nie mehr heimkommen würde.

Ins Haus der Familie Holthus trat eines Tages ein Priester, welcher der Ungewissheit über Ferdis Schicksal ein Ende machte.

„Er starb in meinen Armen", sagte er mit müder Stimme, „in einem Lazarett nahe der holländischen Grenze. Die Schmerzen seiner schweren Wunden trug er mit einer Größe und Geduld, wie ich sie noch niemals gesehen habe, und ich sah viele Kameraden sterben. In stillen Nächten, in denen er keinen Schlaf fand, erzählte er mir von seinen Wanderungen durchs weite deutsche Land, von seinen Lieben daheim, von den wackeren Jungen von Hallstadt; wenn er aber fieberte, sprach er immer wieder von einer Fahne, die man zerteilt habe. Aber das geschah wohl aus der wirren Phantasie des Kranken und wird nichts zu bedeuten haben."

„Doch, es hat etwas zu bedeuten, Herr Pfarrer!", sagte Vater Holthus. „Warten Sie einen Augenblick!"

Dann stand er auf und machte sich an einem Aquarium zu schaffen, zog aus der dicken Sandschicht, die den Boden bedeckte, einen flachen Behälter aus Zinkblech, dem er schließlich das blaue Tuch mit dem Silberstreifen entnahm. Und er erzählte dem Priester die Geschichte von der zerteilten Fahne.

„Sehen Sie“, sagte er dann, „in diesem Aquarium hat das Bannerstück die ganze Zeit über gesteckt. Drei-, viermal hielt die Gestapo Haussuchung, kehrte das Unterste zuoberst, klopfte die Wände nach geheimen Nischen ab, rahmten sogar die Bilder aus. Sie hat es nicht gefunden, und auch wir haben's nicht verraten, obwohl wir das Versteck kannten, denn unser Junge hat dafür gekämpft und gelitten, da wollten auch wir nicht schwach werden.“

Bei dem Bericht war der Priester bleich geworden vor innerster Ergriffenheit. „Aber das hat er mir ja gar nicht erzählt“, sagte er leise.

„Er war keiner, der mit einer guten Tat prunkte“, nickte der Vater, als hätte er nichts anderes erwartet. Dann legte er feierlich das Tuch in seinen Behälter zurück. „Ja, nun brauchen wir es wohl nicht mehr zu verstecken“, meinte er und stellte das blinkende Kästchen zum Kreuz in den Herrgottswinkel.

Uns rufet die Stunde

Wieder verging fast ein halbes Jahr. Da schleppte sich müden Schritts ein Soldat vom Bahnhof her durch die Straßen von Hallstadt. Er trug einen gänzlich verschlissenen feldgrauen Mantel, der in den Nähten kaum mehr zusammenhielt. Hie und da schaute er in ein Gesicht und lächelte schmerzlich, weil ihn niemand erkannte. Weh wurde es ihm ums Herz, als er an so viel ausgebrannten und verwüsteten Häusern vorüberging. Wie viel Glück war hier zerschlagen worden, seit er die Heimat verließ.

Aus dem Haus des Schusters Breitkamp trat ein etwa zwanzigjähriger junger Mann, der eiligen Schrittes an dem Feldgrauen vorüberging.

„Norbert!", rief der Heimgekehrte ihn an.

Der junge Mann stutzte, wandte sich um und starrte den Feldgrauen wie einen Fremden an.

„Kennst du mich nicht mehr, Norbert?", fragte der mit schmerzlichem Klang.

„Ich kann mich nicht entsinnen", zögerte der junge Mann und betrachtete verwundert das bleiche, ausgezehrte Gesicht, die hohlen, müden Augen. „Ich kenne Sie wirklich nicht. Sind wir uns irgendwo im Feld draußen begegnet, oder...?"

„Nein, nein", lächelte der andere. „Aber du hast einmal an meiner Seite den Heiland zum Gestapogefängnis getragen."

„Herr Kaplan!", stotterte der Schustergeselle in jähem Erkennen. „Aber, mein Gott, wie sehen Sie denn aus?"

„Gefangenschaft im Osten, Ruhr, Typhus, ein Wunder, dass ich noch lebe", sagte der Priester.

Stumm schüttelte der Junge den Kopf und machte große

Augen. Dann gingen sie beide nebeneinander dem Kirchplatz zu. Als Johannes Hirt die Verwüstung am Gotteshaus sah, senkten sich tiefe Trauer und eine große Zaghaftigkeit in seine Seele. So also musste er die Heimat wiederfinden! Hatten es da nicht die besser, die unter dem Kreuz aus Birkenstämmchen ruhten?

„Kommen Sie, Herr Kaplan", sagte Norbert, griff nach des Priesters Hand und führte ihn um die Kirche herum zum Chor. „Wir bauen wieder auf! Sehen Sie?"

Und was Johannes Hirt sah, trieb ihm die Tränen in die Augen vor Freude und Ergriffenheit. Er sah den alten Pfarrer, der seinem auf halber Leiter stehenden Kaplan Steine zutrug, und der reichte sie einem Burschen, der sie sorglich vermauerte, einer neben den anderen unter übergespannter Richtschnur.

Da wusste Johannes Hirt, dass man die Hoffnung nicht verlieren durfte, dass da eine Jugend war, auf die man sich immer noch verlassen konnte wie in den schlimmsten Kampfzeiten, dass Priester und Jugend das Reich Gottes wieder aufbauen würden, so wie es hier an den Mauern der Kirche geschah.

„Ein wenig müsst ihr mir schon Zeit lassen, dann schaffe ich auch wieder mit", sagte er mit kleinem Lächeln und streckte dem Pfarrer zum Gruß die Hand hin.

„Wer sind Sie?", fragte der greise Priester erstaunt.

Der Kaplan aber ließ, ohne zu antworten, die dargebotene Hand sinken, schaute dann zu dem jungen Mann auf der Chormauer hinauf. „Kennst du mich auch nicht mehr, Franz Streler?"

Der Bildschnitzer, der jetzt am Gotteshaus mauerte, wandte sich ihm zu, stand einen Augenblick wie erstarrt, ließ dann den Ziegel fallen, den seine Hand hielt, warf die Kelle hin und sprang mit federndem Satz vom Gerüstbalken.

„Herr Kaplan! Unser Kaplan!“, rief er und fasste die Hände des Heimgekehrten. „Dass Sie wieder da sind!“

Auch Pfarrer und Kaplan drängten sich nun hinzu und begrüßten voller Freude den Heimgekehrten.

„Wer hätte Sie auch erkennen sollen?“, schüttelte der Pfarrer das schneeweiß gewordene Haupt. „Mein armer Freund, was müssen Sie erlitten haben!“

Von einem Steinhaufen sprangen halbwüchsige Burschen hinzu, die dort Ziegel abklopften, und grüßten voll freudigen Erstaunens den Priester, vor dem sie einst in der Schulbank gesessen hatten.

„Wir bauen die Kirche wieder auf!“, rief einer von ihnen vergnügt.

„Jawohl, so Gott will, bauen wir wieder auf“, antwortete Kaplan Hirt.

Wiederum verging ein Jahr. Die Hallstädter Kirche war von ihren Wunden geheilt. Vom Turm läutete die einzige Glocke, die man dem Gotteshaus gelassen hatte. Kopf an Kopf füllten die Gläubigen das neu erstandene Heiligtum. Im Chorraum standen die Hallstädter Jungen rund um den Altar, schauten mit glänzenden Augen zum Banner auf, der blauen Fahne mit dem silbernen Christuszeichen, die Franz Streler in starken Händen hielt.

„Heute bekommt ihr euer Banner zurück, das die Treue eurer Brüder vor den Händen der Gottesfeinde gerettet hat!“, rief Kaplan Hirt vom Altar her, nachdem er von der tapferen Tat der vier Fahnenhüter gesprochen hatte. „Fleißige Hände haben die vier Stücke wieder zusammengefügt, und nun weht euch die Fahne wieder voran zu neuem, tapferem Kampf um eine reine, christustreue Jugend. Ihr Hallstädter Jungen, seid würdig jener wackeren Fahnenhüter, von denen Gottes Allmacht drei schon in die Ewigkeit heimgeholt hat, und haltet dem Banner die Treue wie sie, die bereit waren, dafür Freiheit und Leben zu opfern! Dann, ihr

Hallstädter Jungen, mag ich keine Sorge mehr haben, um das Gottesreich unserer Gemeinde."

Aus den starken Händen des Bildschnitzers nahm Johannes Hirt alsdann das leuchtende Banner und reichte es Norbert, dem Pfarrjugendführer, der es mit strahlendem Gesicht empfing und seine Fäuste fest um den schlanken Schaft spannte.

Indes aber erbrauste der volle Klang der Orgel, und aus hundert jungen, brennenden Herzen hallte das Lied:

Uns rufet die Stunde, und dränget die Zeit,
Zu Wächtern, zu Rittern hat Gott uns geweiht,
Zum Trotzen und Tragen, zum Ringen und Wagen,
So stehn unsre Scharen bereit!

Norberts junge Fäuste reckten hoch auf das helle Banner, dass er es erstrahlt im Schein der brennenden Kerzen.

Es wehen die Banner, wir schreiten voran.
Es lodern die Fackeln, wir schreiten bergan.
Kein Rasten, kein Stehen im Sturm zu den Höhen!
Hier gilt nur der mutige Mann!

Da trat der greise Pfarrer neben den Kaplan und hob ebenfalls segnend die Hände über die Jungenschar, die nun aus vollem Herzen sang:

Christkönig, wir stehen und halten die Wacht.
Wir tragen dein Licht gegen Nebel und Nacht.
Herr, segne die Reihen, die freudig sich weihen
Dir, König der ewigen Macht!

Weitere Titel von Wilhelm Hünermann im Verlag Petra Kehl

Der Mandarin des Himmels

Das Leben des Kölner Astronomen P. Johann Adam Schall am Kaiserhof in Peking

Mit 16 Jahren macht sich Johann Adam Schall von seiner Vaterstadt Köln auf den Weg nach Rom, um im deutschen Kolleg der Jesuiten Theologie zu studieren. Noch ahnt er nicht, dass ihn sein Lebensweg in weit fernere Gegenden führen wird - nach Pekingan den Kaiserhof. Dort wird der Jesuit aus dem Rheinland dank seiner Kenntnisse der Astronomie Leiter des Astronomischen Amtes und als „Mandarin des Himmels" einer der höchsten Staatsbeamten. Doch die Gunst der Herrschenden ist trügerisch und Neider lauern überall.

broschiert, 184 Seiten, ISBN 9783947890118

Der Reiter der Barmherzigkeit

Ein Lebensbild des hl. Martin

In einer kalten Winternacht teilt ein römischer Legionär seinen Mantel, um einen frierenden Bettler zu bekleiden. Das ist zwar die bekannteste, aber nicht die einzige und wichtigste Begebenheit aus dem Leben des hl. Martin. Aus dem Legionär wird Jahre später ein Bischof, der sich Steuereinnehmern und selbst dem Kaiser entgegenstellt, um Bedrängten und Notleidenden zu helfen. Nicht weniger mutig kämpft er gegen Heidentum und Irrlehren. Auch bringt er das Mönchtum nach Westeuropa und gründet die Abtei Marmoutier.

broschiert, 302 Seiten, ISBN 9783947890170